Reden ohne Angst

Christian Püttjer (rechts im Bild) und *Uwe Schnierda* (links im Bild) arbeiten seit 1992 als Trainer und Berater in den Bereichen Karriere, Bewerbung und Rhetorik. Ihre Erfahrungen aus Seminaren und Einzelberatungen haben sie, angereichert durch viele Tipps und Übungen, in zahlreichen Ratgebern veröffentlicht. Bei Campus erscheinen von Püttjer und Schnierda unter anderem *Optimal präsentieren, Erfolgsfaktor Körpersprache* und *Die heimlichen Spielregeln der Verhandlung.*

Christian Püttjer & Uwe Schnierda

Reden ohne Angst

Souverän auftreten und vortragen

Illustrationen von Hillar Mets

Campus Verlag
Frankfurt/New York

Bibliografische Information Der Deutschen Bibliothek.
Die Deutsche Bibliothek verzeichnet diese Publikation in der
Deutschen Nationalbibliografie. Detaillierte bibliografische Daten
sind im Internet über http://dnb.ddb.de abrufbar.
ISBN 3-593-37073-5

2. Auflage 2004

Copyright © 2002 Campus Verlag GmbH, Frankfurt/Main
Umschlaggestaltung: mancini-design, Frankfurt/Main
Illustrationen: Hillar Mets, Tallinn
Fotos: Oliver Franke/ide stampe, Stampe
Satz: Publikations Atelier, Dreieich
Druck und Bindung: Druckhaus Beltz, Hemsbach
Gedruckt auf säurefreiem und chlorfrei gebleichtem Papier.
Printed in Germany

Besuchen Sie uns im Internet: **www.campus.de**

Inhalt

Einleitung

Als Experten und Trainer in Sachen Rhetorik stehen wir im direkten Kontakt mit Ihnen: den Menschen, die – hin und wieder oder auch regelmäßig – eine Rede halten müssen. In unseren Seminaren und auch im Einzel-Coaching hören und sehen wir, welche Zweifel Vortragende plagen, was sie in ihrem Selbstbewusstsein erschüttert und wovor sie Angst haben. Ob Vorstandsvorsitzender einer Bank, Geschäftsführerin einer IT-Beratung, Bereichsleiter einer Werbeagentur, Projektleiterin eines Internetdienstleisters oder Arbeitsgruppenleiter eines Qualitätszirkels: Sobald es darum geht, persönliche Erfahrungen aus Vorträgen zu schildern, wird die Redeangst offensichtlich. Schlaflose Nächte vor Darbietungen im Kollegenkreis, Albträume vor Produktpräsentationen beim Kunden, flaue Gefühle wegen Messeauftritten oder zitternde Knie vor offiziellen Begrüßungen – die Liste der Irritationen und Ängste ist lang. **Schlaflose Nächte vor einer Rede**

Das ist eigentlich erstaunlich, denn alle unsere Kunden haben einiges zu bieten. Unsere Beobachtung vor und während der Rhetorikseminare zeigt es immer wieder deutlich: Die meisten Menschen sind in der Lage, mit anderen in Kontakt zu kommen, gemeinsame Themen zu finden, kleine Geschichten und spannende Erlebnisse auszutauschen oder ernsthaft zu argumentieren.

Sobald aber der sichere Hafen der geselligen Small Talk-Runde verlassen wird, kommt Sturm auf. Was eben noch ohne Nachdenken mühelos gelang, wird plötzlich zum Problem. Der Blutdruck steigt, die Atmung wird schneller, die Stimme stockt, **Der schwere Gang zum Podium**

Schweißperlen bilden sich auf der Stirn (und unter den Achseln). Mit dem Schritt heraus aus der Gruppe, dem Gang zum Rednerpodium und den ersten Worten verschwindet urplötzlich das Selbstwertgefühl von Rednerinnen und Rednern. Es scheint so, als ob ein imaginärer, überdimensionaler Staubsauger angesprungen ist, der sich in Windeseile sämtlicher positiver Energien der Vortragenden bemächtigt. Und nicht nur das: Nach den Schilderungen der Betroffenen beraubt er sie zuerst ihrer Redefähigkeiten und dann auch noch ihrer sonst wirksamen Abwehrkräfte. Sie fühlen sich vor ihrem Publikum buchstäblich nackt und bis auf die Grundfesten ihrer Persönlichkeit durchschaut.

Glücklicherweise gibt es wirksame Gegenmittel, um Redeauftritte angenehmer zu gestalten. Lassen Sie sich erklären, wie Sie die Sympathie Ihrer Zuhörer gewinnen können. Lernen Sie, Ihre Glaubwürdigkeit zu steigern. Trainieren Sie, angemessen auf Angriffe zu reagieren. Berücksichtigen Sie die Besonderheiten von Redeauftritten in typischen beruflichen Situationen. Entwickeln Sie ein Gespür für die Signale erfolgreicher Rhetorik.

Wir sind immer wieder begeistert, wie schnell unsere Seminarteilnehmer die Regeln des souveränen Vortragens verstehen und verinnerlichen. Natürlich bedarf es einiger Übung, damit frisches

Redeängste sind kein Schicksal

Wissen umgesetzt und neue Verhaltensweisen Schritt für Schritt eingeübt werden können. Wir haben aber noch nie erlebt, dass sich Redeängste nicht in den Griff bekommen ließen. Nutzen auch Sie unsere Erfahrung, werden Sie mit uns zum Redeprofi. Wenn Sie bereit sind, unsere Strategien und Tipps auszuprobieren und ernsthaft umzusetzen, garantieren wir Ihnen, dass Sie die Anforderung, sich einem Publikum zu stellen, im Laufe der Zeit immer sicherer bewältigen werden. Es passiert uns ständig, dass wir E-Mails oder Briefe bekommen, in denen uns Leserinnen und Leser mitteilen, dass sie ihre »Lust am Reden« entdeckt haben. Als häufig eingeladene Redner können wir nur bestätigen, dass es ein tolles Gefühl ist, seine Gedanken und Vorstellungen einer großen Zuhörerschaft von Angesicht zu Angesicht präsentieren zu dürfen. Haben Sie sich erst einmal daran gewöhnt, ein Publikum zu informieren, zu überzeugen oder womöglich zu begeistern, kann es passieren, dass Sie ebenfalls Lust auf »mehr« bekommen.

Redeängste lassen sich in den Griff bekommen

Vor den Erfolg haben die Götter aber den (Redner-)Schweiß gesetzt. Deshalb heißt es für Sie zunächst: lesen, reflektieren, ausprobieren. Die Übersicht 1 zeigt Ihnen, was Sie brauchen, damit Sie zu einem professionellen Redner werden.

Der Weg zum Redeprofi

Bekennen Sie sich zu Ihrer Individualität
➡
Setzen Sie sich konstruktiv mit Ihren Redeängsten auseinander
➡
Entwickeln Sie Ihre Persönlichkeit
➡

Übersicht 1

Gewinnen Sie das Vertrauen und die Sympathie der Zuhörer

▼

Sammeln Sie Daten, Fakten und Meinungen

▼

Präsentieren Sie wirkungsvolle Argumente

▼

Verwenden Sie eine glaubwürdige Körpersprache

▼

Begegnen Sie Angriffen souverän

▼

Nutzen Sie Erfolgs-Feedback

▼

Stellen Sie sich auf besondere berufliche Situationen ein

▼

Entwickeln Sie Ihre Redekompetenz weiter

▼

Ziel: reden ohne Angst

1

Ihre Individualität ist gefragt

Viele Menschen stehen der Herausforderung, eine Rede oder eine Präsentation zu halten, hilflos gegenüber. Statt die eigene Individualität zu betonen und einen persönlichen Auftritt zu liefern, verstecken sich viele Rednerinnen und Redner hinter ihren Manuskripten oder technischen Hilfsmitteln. Damit erweisen sie weder dem Publikum noch sich selbst einen Gefallen.

Wenn Sie zu einem Publikum sprechen, gibt es viele Erwartungen an Sie. Man will Ihre Meinung zu einem Thema erfahren, erwünscht sich Anregungen oder hofft auf Lösungsvorschläge. In jedem Fall wird man an Ihnen als Person interessiert sein. In Reden, Präsentationen und Vorträgen geht es niemals nur um die Inhalte, die vermittelt werden. Für das Publikum ist ganz entscheidend, *wer* ihm die Informationen gibt.

Die persönliche Vermittlung von Themen hat trotz Fachliteratur, E-Learning und Internetnutzung nichts an Bedeutung verloren. Gerade die in jüngster Zeit mit dem E-Learning gewonnenen Erfahrungen zeigen, dass kein Weg daran vorbeiführt, **Menschen** persönlich in Erscheinung zu treten, um Menschen an Wissen **brauchen** heranzuführen und sie für Inhalte zu begeistern. Menschen **Menschen** brauchen Menschen, die sie informieren, ihnen Neues vermitteln und auch mitreißen. Das heißt nicht, dass jeder Vortrag durchgehend als Redefeuerwerk ablaufen muss. Wir werden nicht von Ihnen verlangen, wie ein Show-Star aufzutreten. Es gibt aber viele Möglichkeiten, das Publikum für sich einzunehmen, und diese Chancen sollten Sie sich nicht entgehen lassen.

In unseren Rhetorik- und Präsentationsseminaren erleben wir ständig Teilnehmer, die eigentlich das Zeug zum guten Redner haben, aber einigen Trugschlüssen aufgesessen sind. Sie haben Schwierigkeiten, die Vortragssituation mit ihren Eigenheiten zu erfassen. Statt sich mit den besonderen Anforderungen auseinander zu setzen, weichen sie aus und stecken ihre Energie in Bereiche, die nicht viel mit der freien Rede zu tun haben. Einige suchen ihr Heil in perfekten schriftlichen Ausarbeitungen, andere verlieren sich in technischen Spielereien. Die nächsten blenden das Publikum völlig aus.

Setzen Sie sich mit den Anforderungen auseinander

Reden ist nicht schreiben

Sie haben es sicherlich schon mehr als einmal erlebt: Eine Rednerin oder ein Redner betritt das Podium, breitet seine Unterlagen aus und beginnt nach der Begrüßung, den kompletten Vortrag abzulesen. Nach einiger Zeit werden Sie sich als Zuhörer die Frage stellen, warum Sie sich diesen Vortrag antun. Sie hätten wahrscheinlich mehr von den Inhalten mitbekommen, wenn Sie sich ein Redemanuskript besorgt und es selbst durchgelesen hätten. Nichts wirkt einschläfernder als ein abgelesener Vortrag. Auch wenn man sich noch so sehr bemüht, nach wenigen Minuten schweifen die eigenen Gedanken ab, und man ertappt sich immer wieder dabei, dass die gesprochenen Worte keine Wirkung entfalten: Sie gehen zum einen Ohr hinein und genauso schnell zum anderen wieder hinaus. Spannend werden diese Vorträge nur dann, wenn einzelne Zuhörer Fragen stellen oder womöglich ein provokativer Zwischenruf kommt. Dann nämlich muss sich der Redner von seinem sorgfältig vorformulierten Manuskript lösen, den Blick ins Publikum richten, und es flackert ansatzweise Lebendigkeit auf.

Abgelesene Reden schläfern ein

Wenn Sie selbst als lebendiger Redner auftreten wollen, müssen Sie sich von der Vorstellung lösen, dass sich die Schriftsprache eins zu eins in einen Vortrag überführen lässt. Gerade die deutsche Sprache, mit ihrer Neigung zum komplizierten Satzbau, versteckt oft die inhaltlichen Aussagen eher, als dass sie sie hervortreten lässt. Hat man die Gelegenheit, wie in einem Buch einzelne Sätze wiederholt durchzulesen, schafft man es meistens irgendwie, den Sinn eines Textabschnittes zu entschlüsseln. Werden Reden jedoch abgelesen, rauschen die Sätze an den Ohren vorbei. Gerade bei nachlassender Konzentration ist dann nicht mehr herauszuhören, worum es dem Redner eigentlich geht. Treffen dann noch komplizierter Satzbau und Fachsprache aufeinander, ist in der Regel auch bei vollster Konzentration nicht mehr zu ergründen, was der Vortragende eigentlich vermitteln will.

Schrift-sprache bleibt Schrift-sprache

Dennoch kommt es häufig vor, dass Rednerinnen und Redner lieber einen Text ablesen, statt zu ihrem Publikum zu sprechen. Es stellt sich die Frage, woher dieses Beharrungsvermögen kommt. Zugegeben: In einigen Fällen kann ein ausformuliertes Manuskript Vorteile bieten, beispielsweise wenn es um juristisch relevante Sachverhalte geht. Doch abgesehen von diesen Sonderfällen, macht eine vorformulierte Rede wenig Sinn, da sie weder in die Köpfe noch in die Herzen der Zuhörer führt.

Hinzu kommt: Nicht nur die Zuhörer werden gequält, auch der Redner selbst tut sich mit seiner »Vorlesung« keinen Gefallen. Der fehlende Kontakt zum Publikum wird dem Redner erst so richtig bewusst machen, dass er allein und verloren auf der Bühne steht. Zu bemerken ist dies oft an einer stetigen Erhöhung der Sprechgeschwindigkeit, dem Herunternuscheln des Textes und gehetzten Blicken ins Publikum. Die meisten Redner, die Vorträge ablesen, leiden selbst daran, dass sie ihre Persönlichkeit ausgeblendet haben. Ertragen können sie diese Persönlichkeitsabspaltung nur, indem sie sich hinter Rednerpulten verschanzen und den Blickkontakt zu ihren Zuhörern vermeiden. Sie ahnen, dass sie ihr Publikum langweilen und ihre Botschaft nicht verstanden wird. Was die Zuhörerschaft

Die Vorlesung schadet auch dem Redner

über sie denkt und wie der Vortrag ankommt, möchten sie lieber gar nicht erfahren.

Unsere Ausführungen haben Ihnen verdeutlicht: Die Schriftsprache ist für Redesituationen nicht geeignet. Dem Publikum des 21. Jahrhunderts stehen vielfältige Informationsquellen zur Verfügung. Es ist gewohnt, dass Themen als prägnante »Headlines« aufbereitet werden. Die Vielzahl an Medien hat die Informationsaufnahme ebenfalls verändert. Nur sehr ausgesuchte Personengruppen bringen noch die Muße auf, geschliffenen Vorträgen stundenlang andächtig zu lauschen.

Agieren Sie flexibel

Wenn Sie Ihre Vortragsinhalte an den Mann oder die Frau bringen wollen, sollten Sie sich schnellstmöglich von dem überkommenen Ideal der ausformulierten Rede verabschieden. Sie werden Ihr Publikum nur dann für sich einnehmen, wenn Sie auf dessen Bedürfnisse eingehen. Packen Sie die Zuhörer bei ihren Informationsvorlieben: Agieren Sie lieber flexibel, statt sich an einem starren Konzept festzuklammern. Sprechen Sie zu Ihrem Publikum, statt ignorant über die Köpfe hinwegzureden. Und liefern Sie einen persönlichen Auftritt, statt sich hinter Ihrem Redemanuskript zu verstecken.

Reden ist nicht Technik

Setzen Sie Technik maßvoll ein

Mit dem Siegeszug der PC-unterstützten Präsentation per Beamer flammt ein alter Streit wieder auf: Wie viel Technik braucht ein Vortrag? Nach der ersten Euphorie über die ansprechenden bunten Bildchen wird immer mehr Kritik an den selbst ablaufenden Präsentationen laut. Der Einsatz von Laptop und Beamer hat keinesfalls dazu geführt, dass sich Vortragende wohler in ihrer Haut fühlen. Im Gegenteil: Bei einem übertriebenen Technikeinsatz macht sich der Vortragende selbst entbehrlich und weiß nun überhaupt nicht mehr, wie er auf der Vortragsbühne agieren soll. Hinzu kommt, dass schon kleinste technische Probleme zum Totalausfall des Vortrages führen können. Es wirkt wenig überzeugend, wenn gestandene Firmenvertreter hilflos an Laptop und Beamer herumdrücken, weil wieder einmal alles »abgestürzt« ist. Der Vortrag ist dann meist gestorben, da der Vortragende nicht mehr in der Lage ist, ohne Technikunterstützung weiterzumachen. Für Vortragende kann der unreflektierte Einsatz von Medien also durchaus zur Falle werden.

Die Technik kann zur Falle werden

Es geht hier nicht um die Frage »Medieneinsatz oder kein Medieneinsatz«, sondern darum, wann die Technik die Oberhand gewinnt und den Redner in den Hintergrund drängt. Unterstützende Visualisierungen sind in Vorträgen ein wichtiges Instrument, auf das keinesfalls verzichtet werden darf. Problematisch wird es aber, wenn Vortragende nicht mehr als das zu sagen haben, was ohnehin auf der Projektionsfläche präsent ist. Beschränkt sich die Leistung des Vortragenden auf das wortwörtliche Ablesen der Projektionen und das Auslösen der Fernbedienung, fragt sich das Publikum zu Recht, warum der Redner überhaupt anwesend ist. Den Zuhörern wird die selbstauferlegte Statistenrolle spätestens dann deutlich, wenn die präsentierten Inhalte nur noch mit Floskeln wie »Wie Sie ja selbst sehen können ...«, »Meine Statistik spricht für sich allein« oder »Es ist ja eigentlich alles klar« begleitet werden. Die Chance, als Individuum in Erscheinung zu treten und als Persönlichkeit zu überzeugen, ist dann auf jeden Fall verspielt.

Der Fluch der Technik lastet schon seit langem auf den Vortragenden, welche die zur Verfügung stehenden Hilfsmittel überbewerten. Nicht nur PC-Präsentationen drücken den Redner an den Rand und erschlagen das Publikum. Auch der falsche Einsatz des Overheadprojektors oder ausufernde Diaschauen überfordern sowohl den Vortragenden als auch die Zuhörerschaft. Jeder hat schon Redner erlebt, die im 30-Sekunden-Takt eine Folie nach der anderen präsentieren und an deren Vorträge man sich einen Tag später nicht mehr erinnert.

Verwenden Sie Folien gezielt

Technische Hilfsmittel dürfen nicht zum Selbstzweck werden. Wer sich als Sklave seiner Technik präsentiert, wird niemals einen souveränen Auftritt hinlegen können.

Die ursprüngliche Absicht der Technikfreaks – das Publikum durch einen perfekten Technikeinsatz zu beeindrucken – verkehrt sich deswegen regelmäßig ins Gegenteil. Jedes Auditorium will sich ein Bild über die Persönlichkeit des Redners machen. Beschränken sich die Aktivitäten des Vortragenden aber darauf, technische Hilfsmittel einzusetzen, wird es schwer, Anerkennung zu bekommen oder womöglich Sympathie zu gewinnen. Wer sich auf der Bühne hinter der Technik versteckt, wird nicht glaubhaft vermitteln können, dass er eine souveräne Führungskraft, ein kompetenter Spezialist oder ein überzeugender Berater ist.

Persönlichkeit ist gefragt

Jede Vortragende und jeder Vortragende ist auf die grundsätzliche Akzeptanz von Seiten des Publikums angewiesen. Ohne das Wohlwollen der Zuhörer verlieren sich die Vortragsinhalte im Nichts. Sie sollten sich deshalb von der Vorstellung befreien, dass Sie das Publikum mit übertriebenem Medieneinsatz auf Ihre Seite bringen können. Sie werden nur dann akzeptiert, wenn Sie sich auch persönlich in Szene setzen.

Gewinnen Sie das Wohlwollen Ihres Publikums

Techniklastige Vorträge stören nicht nur die Zuhörer, auch Sie selbst werden sich nach einiger Zeit ins Abseits gestellt fühlen. Die Sorge darüber, ob die Technik bis zum Ende des Vortrages durchhält, wird zum dauerhaften Belastungsfaktor, und damit wächst Ihre Unsicherheit. Das Damoklesschwert des technischen Versagens hängt während des gesamten Vortrages über Ihnen. Bei allen technikverliebten Rednern ist die Anspannung, unter der sie stehen, deutlich sichtbar. Sie bleiben an ihren unzulänglichen Hilfsmitteln kleben. Da sie sich nur eine Bewegung – den Mouse-Klick – erlauben, wirken sie auf der Bühne wie erstarrt. Man spürt förmlich, dass sie den Vortrag schnellstmöglich hinter sich bringen wollen, um dann vom Podium zu flüchten.

Reden ist nicht Egozentrik

Obwohl Vorträge für ein Publikum gehalten werden sollten, kreisen viele Rednerinnen und Redner ständig um sich selbst. Wir erleben es in Seminaren und Coaching-Einheiten immer wieder, dass die komplette Gedankenarbeit eher für eine Innenschau genutzt wird als dafür, wie man am besten mit seinen Zuhörern umgehen könnte. Der Fokus in der Vorbereitung liegt eher auf Fragen wie »Was könnte alles schief gehen?«, »Warum fühle ich mich so unwohl?« oder »Wie rette ich mich unauffällig durch die Vortragssituation hindurch?«. Diese falsche Weichenstellung hat weitreichende Konsequenzen.

Eine Innenschau bringt Sie nicht weiter

Zum einen treiben sich viele Vortragende lieber in trübe Gedanken hinein, als sich der Herausforderung zu stellen, ein Publikum zu begeistern. Die negative Energie, die so aufgebaut wird, lässt natürlich keine Freude an der Vortragssituation aufkommen. Sie blockiert den Redner und verhindert, dass er im Vortrag auf das Publikum zugeht. So entsteht von vornherein eine Kluft zwischen Redner und Zuhörerschaft. Die eigenen Ängste lassen Vortragende vermuten, dass das Publikum ihnen ablehnend oder gar feindselig gegenüberstehen wird. Um dem vermeintlichen Gegner zuvor-

Mund halten und zuhören!

zukommen, kommt dann die Strategie »Angriff ist die beste Verteidigung« zum Einsatz. Damit ist die selbst erfüllende Prophezeiung komplett: Die Befürchtungen des Redners werden Wirklichkeit, weil er mit seinem Verhalten genau die Reaktionen provoziert hat, die er befürchtete.

Zum anderen werden die Ansprüche des Publikums durch die eigene Nabelschau ausgeblendet. Viele Redner üben sich in Egozentrik. Sie bauen den Vortrag mehr nach ihren Bedürfnissen auf als nach den Bedürfnissen des Publikums. Da Vortragende oft Spezialisten auf ihrem Gebiet sind, überfordern sie damit regelmäßig ihre Zuhörer. Sie setzen ihr eigenes umfangreiches Hintergrundwissen auch bei allen anderen voraus. Die fragenden Blicke, die sie damit ernten, lassen zarte Gemüter an der eigenen Vortragskompetenz zweifeln. Hartgesottene fühlen sich in der Einschätzung bestätigt, dass sie nur von Laien umgeben sind und sich die Rede eigentlich hätten sparen können – ihr Publikum würde ihnen in diesem Punkt sicherlich zustimmen.

Beratung

Aus unserer Beratungspraxis

Der unverstandene Projektleiter

Ein Projektleiter suchte uns auf, um seine rhetorischen Fähigkeiten überprüfen zu lassen. Nach einer missglückten Projektpräsentation hatte er einen Rüffel vom Bereichsleiter einstecken müssen. Noch einmal wollte er seine Karriere nicht durch einen verpatzten Auftritt gefährden.

Wir forderten ihn auf, seine Präsentation zu wiederholen. Nach kurzer Zeit wurde deutlich, wo die Vortragsprobleme des Projektleiters lagen: Wir verstanden kein Wort! Auf Nachfrage erzählte uns der Kunde, dass seine

Präsentation nicht nur an Fachkollegen, sondern auch an Vertreter anderer Abteilungen gerichtet war. Diesem Anspruch wurde er nicht gerecht: Er hatte das Projekt komplett aus seiner Sicht als Software-Entwickler beleuchtet. Die Probleme mit seinem Bereichsleiter, einem Betriebswirt, waren damit programmiert.

Es war nicht leicht, dem Projektleiter einen anderen Vortragsstil zu vermitteln. Er beharrte darauf, dass alles, was er in seiner Präsentation gesagt hatte, wichtig für das Projekt gewesen sei. Außerdem könne man seiner Meinung nach von Zuhörern auch ein wenig Anstrengung erwarten. Ein Licht ging unserem Kunden erst dann auf, als wir ihn unsererseits mit einem Vortrag konfrontierten, in dem wir so kompliziert wie möglich Aspekte des Human Ressource Management thematisierten. Auf einmal hörten wir von ihm: »Das kann man ja wohl auch einfacher ausdrücken!« Damit war der Bann gebrochen. Der Projektleiter war nun bereit, seine Präsentation auf die Bedürfnisse der Zuhörer auszurichten. Wir entwickelten eine Strategie, wie er in Zukunft seine Vortragsstruktur, seine Informationen, Argumente und Beispiele besser auf die Zuhörerschaft zuschneiden konnte.

Seine nächste Präsentation brachte ihm Lob ein, der vorhergehende Fehltritt war vergessen. Der Bereichsleiter verabschiedete ihn mit den Worten: »Beim letzten Mal haben Sie wohl einfach einen schlechten Tag gehabt.«

Fazit: Wer die Informationsbedürfnisse des Publikums mit Füßen tritt, darf sich nicht wundern, dass das Publikum anfängt zu murren. Vermeiden Sie den Kardinalfehler der Egozentrik, bereiten Sie Ihre Vorträge und Präsentationen zuhörerorientiert vor.

Ihre Individualität ist gefragt

- Bei Vorträgen erwartet Ihr Publikum von Ihnen mehr als nur Informationen. Man ist immer auch an der Person interessiert, die auf der Bühne agiert.

- Die persönliche Vermittlung von Themen hat trotz Internet und E-Learning nichts von ihrer Bedeutung verloren.

- Viele Rednerinnen und Redner stecken zu viel Energie in Bereiche, die nichts mit einer freien Rede zu tun haben. Einige lesen vorformulierte Manuskripte ab, andere verlieren sich in technischen Spielereien. Weitere denken mehr an sich als an ihr Publikum.

- Schriftsprache lässt sich nicht eins zu eins in Redesituationen übertragen. Abgelesene Vorträge wirken einschläfernd, die Inhalte rauschen an den Zuhörern vorbei.

- Übertriebener Medieneinsatz erdrückt die Zuhörer. Redner, die sich selbst durch technische Hilfsmittel entbehrlich machen, entfalten keine persönliche Wirkung.

- Technik, die zum Selbstzweck wird, schlägt auf den Vortragenden zurück und drängt ihn in die Rolle eines Statisten.

- Die Gedanken vieler Vortragender kreisen mehr darum, was der Vortrag für sie bedeutet, als dass sie versuchen, sich mit den Bedürfnissen des Publikums auseinander zu setzen.

- Jeder Versuch, die eigene Persönlichkeit aus einem Vortrag auszublenden, wird scheitern. Wer sich selbst zum Vorleser oder Folienaufleger degradiert, kann nicht damit rechnen, sich im Vortrag wohl zu fühlen.

2

Sieben Redeängste und was Sie dagegen tun können

Viele Rednerinnen und Redner begreifen Vortragssituationen nicht als interessante Herausforderung, sondern vielmehr als extreme Belastung. Vorrangig negative Gefühle kommen ins Spiel, wenn eine Rede oder Präsentation gehalten werden soll. Eine Vielzahl von Ängsten befällt Vortragende. Die wichtigsten stellen wir Ihnen jetzt vor und zeigen Ihnen anschließend Auswege aus den Ängsten auf.

Redner, die Auftritten ängstlich gegenüberstehen, befinden sich in guter Gesellschaft. Im Katalog des alltäglichen Horrors nimmt die Angst vor öffentlichen Redeauftritten laut einer Umfrage der *Apotheken Umschau* den dritten Platz ein. Selbst die **Viele** Prüfungsangst rangiert noch hinter der Redeangst. Nur die **Menschen** Angst vor bestimmten Tieren wie Spinnen, Schlangen und In- **leiden** sekten sowie die Höhenangst schaffen es, sich vor der Rede- **unter Rede-** angst zu platzieren. Betrachtet man nur die Männer, ist die **angst** Angst, vor vielen Menschen eine Rede zu halten, sogar die am häufigsten anzutreffende Angst. Auf die Frage »Erleben Sie persönlich immer wiederkehrende Ängste oder gar Panikattacken im Zusammenhang mit immer gleichen Situationen?« nannten Männer am häufigsten die Angst vor öffentlichen Reden. Andere Ängste und deren Auftrittshäufigkeit können Sie der Übersicht 2 entnehmen.

Aus unseren Seminaren wissen wir, dass Redner oft mit emotionalen Belastungen kämpfen müssen, noch bevor sie auf der Bühne stehen. Nicht alle empfinden die gleichen Ängste, je

Der Katalog des Horrors: Phobien

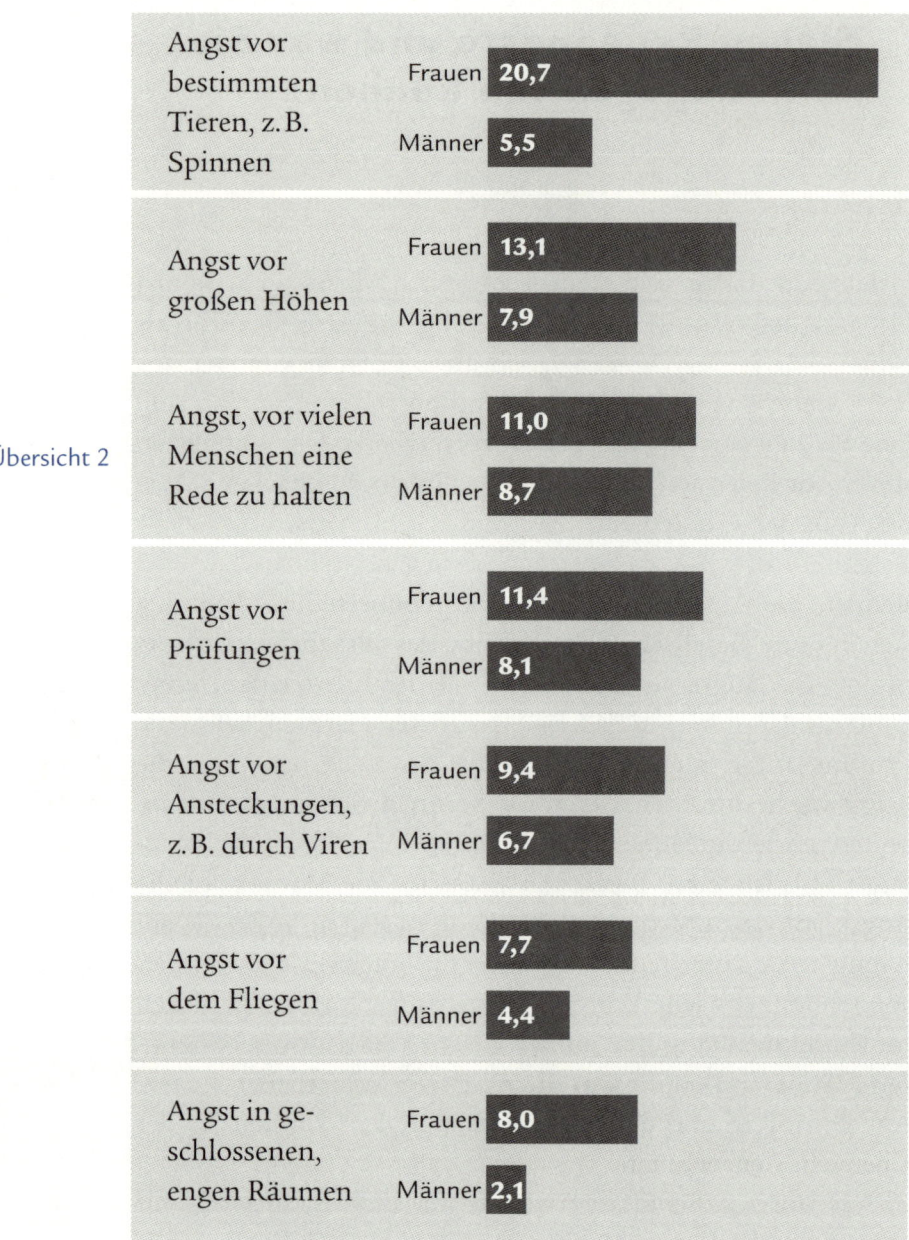

Übersicht 2

Angst vor bestimmten Tieren, z. B. Spinnen	Frauen	20,7
	Männer	5,5
Angst vor großen Höhen	Frauen	13,1
	Männer	7,9
Angst, vor vielen Menschen eine Rede zu halten	Frauen	11,0
	Männer	8,7
Angst vor Prüfungen	Frauen	11,4
	Männer	8,1
Angst vor Ansteckungen, z. B. durch Viren	Frauen	9,4
	Männer	6,7
Angst vor dem Fliegen	Frauen	7,7
	Männer	4,4
Angst in geschlossenen, engen Räumen	Frauen	8,0
	Männer	2,1

Angaben in Prozent, Quelle: *Apotheken Umschau* 2001

nach Redesituation, Persönlichkeit und Vorerfahrung treten unterschiedliche Befürchtungen auf. Obwohl es individuelle Ängste gibt, können jedoch nur die allerwenigsten konkret benennen, was ihnen zu schaffen macht. Diese Ungewissheit lähmt und macht es schwer, den Ursachen für Redeängste auf die Spur zu kommen. Wir erleben immer wieder, dass die Vortragssituation generell mit einer Angstsituation gleichgesetzt wird.

Warum macht Reden Angst?

Um Redeängste zu bewältigen, muss in einem ersten Schritt geklärt werden, wo die Gründe für die negativen Gefühle liegen. Es ist schlichtweg unmöglich, sich seinen Ängsten zu stellen, wenn man sie nicht greifbar machen kann. Die Ursachen müssen aufgespürt werden, um mit geeigneten Handlungsstrategien den Kern des Problems in den Griff zu bekommen. Üben Sie sich in Selbsterkenntnis und finden Sie heraus, welche Ängste Ihnen in Vortragssituationen am meisten zusetzen. Bei den folgenden sieben Ängsten werden Sie sicherlich fündig werden:

- die Angst vor dem Unbekannten,
- die Angst, nicht perfekt zu sein,
- die Angst vor dem Publikum,
- die Angst vor dem Thema,
- die Angst vor der Verantwortung,
- die Angst vor dem Blackout,
- die Angst, die keine ist.

Die Angst vor dem Unbekannten

Allein der Gedanke daran, eine Rede halten zu müssen, versetzt die meisten Menschen in Angst und Schrecken. Wenn Chefs durch die Abteilungen laufen und einen Mitarbeiter suchen, der eine Präsentation beim Kunden oder firmenintern durch-

Die Angst vor dem Unbekannten

führen soll, gehen alle Anwesenden schnell in Deckung. Jeder fühlt sich als potenzielles Opfer, das auf die öffentliche Schlachtbank »Rednerbühne« gezerrt werden soll. Ist ein Mitarbeiter schließlich dazu verdonnert worden, die Präsentation zu halten, geht ein Aufatmen durchs Büro. Die verschonten Kollegen denken erleichtert: »Glück gehabt, diesmal ist der Kelch an mir vorbeigegangen!« Warum eigentlich?

Die Bühne: eine öffentliche Schlachtbank?

Zetern und Zähneklappern

Die Gründe dafür, dass öffentliche Redeauftritte als Geißel der Menschheit empfunden werden, sind vielfältig. Eine der Ursachen ist sicherlich, dass Menschen vor Unbekanntem zunächst einmal zurückschrecken. Dies ist ganz natürlich. Erstaunlich ist aber, dass auch Vorträge, die in vielen Arbeitsfeldern inzwischen mit zum Berufsalltag gehören und daher eigentlich keinen Exotenstatus mehr haben sollten, immer noch als unangenehme Aufgabe gesehen werden. Sprechen wir mit Berufstätigen, so hören wir immer wieder: »Eigentlich gefällt mir die Arbeit ganz gut, ich bearbeite mein Aufgabegebiet gerne, wenn nur diese unseligen Ergebnispräsentationen nicht wären!«

Die Rhetorik kann einem fast leidtun, sie scheint dauerhaft zwischen dem Aufstöhnen vor der Rede und gequältem Seufzen danach unter die Räder gekommen zu sein. In der beruflichen Praxis wird das schlechte Image von Redepflichten darüber hinaus ständig verstärkt. Wer beim Mittagessen in der Kantine Gruselgeschichten von seinem letzten Redeauftritt zum Besten gibt, wird bei seinen Kollegen auf offene Ohren stoßen. Schnell entsteht eine Leidensgemeinschaft, deren Angehörige sich geradezu in Katastrophenschilderungen überbieten. Dabei ist es höchst bemerkenswert, dass diese Vorträge über das Elend der Vorträge immer locker über die Lippen kommen. Eine Auseinandersetzung damit, was in zurücklie-

Wer jammert, ist nicht allein

Geschüttelt, nicht gerührt

genden Vorträgen eigentlich gut gelaufen ist und wo man mit Verbesserungen ansetzen könnte, fällt regelmäßig unter den Tisch. Stattdessen wird die Vortragssituation mystifiziert und als das große, unausweichliche Übel beschworen.

Es fällt den meisten Menschen schwer, eine positive Einstellung zu Redeauftritten aufzubauen. Dies ist kein Wunder, denn es fehlen positive Vorbilder. Gezielte Anleitungen für das Halten von Vorträgen bekommen nur die wenigsten, und es mangelt an Möglichkeiten, die eigene rhetorische Kompetenz ohne Erfolgsdruck auszuprobieren. Viele Menschen werden im Berufsleben zum ersten Mal mit der Aufgabe konfrontiert, sich einem Publikum zu stellen. So werden sie gleich zu Beginn ihrer beruflichen Laufbahn ins kalte Wasser gestoßen. Der Erfolgsdruck, dem sie im beruflichen Kontext ausgesetzt sind,

Bauen Sie eine positive Einstellung auf

führt dann dazu, dass sie wild herumpaddeln und -strampeln, um ja nicht unterzugehen. Auf die Idee, sich einen effizienten Schwimmstil anzueignen, um kraftsparend das sichere Ufer zu erreichen, kommen diese Opfer der Umstände nicht. Sie versuchen auf kräftezehrende, Weise irgendwie an der Wasseroberfläche zu bleiben, und haben ihren drohenden Untergang stets vor Augen.

Unterstützung gibt es nur selten

Es ist erstaunlich, wie wenig Hilfestellung die Mehrzahl der Firmen ihren Mitarbeitern gibt, wenn es um die Präsentation von Arbeitsergebnissen und Konzepten geht. Auch die Mitarbeiter selbst kümmern sich nur in den seltensten Fällen aktiv um die Erweiterung ihrer rhetorischen Fähigkeiten. Dabei ist unbestritten, dass die Bewältigung beruflicher Aufgaben durch Ausbildung, Schulung, Training oder Selbststudium vorbereitet werden muss. Ohne Anleitung und Training lassen sich Vorträge genauso wenig in den Griff bekommen wie PC-Programme, Fremdsprachen oder fachliche Aufgaben. Wer nie üben durfte, wird jede neue Herausforderung fürchten. Das gilt auch für Redeauftritte.

Übung macht den Meister

Durchbrechen Sie die negative Erwartungshaltung gegenüber Redeauftritten. Aus unseren Seminaren und Workshops wissen wir: Jede und jeder kann einen zur Persönlichkeit passenden Vortragsstil entwickeln.

Auch schwierige Aufgaben können Sie bewältigen

Natürlich benötigen Sie konkrete Anleitung und professionelle Hilfestellung, der Mut zum Ausprobieren stellt sich dann von selbst ein. Mit dem Reden ist es wie mit dem Erlernen des Radfahrens. Werfen Sie einen kurzen Blick in Ihre Vergangenheit und versetzen Sie sich in Ihre Kindheit zurück. Zunächst erschien Ihnen die Aufgabe, sich auf dem Fahrrad zu halten, sicherlich als unglaublich schwierig. Doch Sie haben sich nicht entmutigen lassen, auch wenn Sie einige Anläufe benötigten. Nach einiger Zeit hatten Sie den Bogen heraus, sie konnten das Gleichgewicht halten, wussten, dass Sie in Bewegung bleiben mussten, um nicht umzukippen, und konnten den Blick von den Pedalen lösen und nach vorne richten. Ausweichmanöver gelangen Ihnen immer besser, sie spürten, wann Sie kräftig in die Pedale treten mussten und wann Sie das Rad rollen lassen konnten. Schließlich gelang Ihnen die erste freihändige Fahrt, und Sie waren unglaublich stolz auf sich. Bis heute haben Sie das Radfahren nicht verlernt und profitieren von Ihren Anstrengungen in der Vergangenheit.

Rhetorisches Geschick fällt nicht vom Himmel

Auch rhetorisches Geschick fällt nicht vom Himmel. Mit ein wenig Technik, einer geschärften Körperwahrnehmung, einem Gespür für die Anforderungen der Situation und ausreichend Übung werden Ihnen Redeauftritte nach einiger Zeit genauso gut gelingen wie das Radfahren. Wichtig dabei: Auch wenn es zunächst einige für alle geltende Grundregeln gibt, werden Sie nach und nach Ihren eigenen Vortragsstil entwickeln. Entdecken Sie, wie Sie Ihrer Individualität Raum geben können, und bekennen Sie sich ruhig zu Ihren Vorlieben. Schließlich fährt auch nicht jeder, der einmal das Radfahren gelernt hat, heute den gleichen Radtyp. Die einen bevorzugen das Mountainbike, andere fühlen sich erst auf dem Rennrad richtig ausgelastet, und manche lieben das ruhige Dahingleiten mit dem Tourenrad. Es gibt nicht die eine und einzige Rhetorik, die für alle gleich gut geeignet ist. Lernen Sie mithilfe dieses Buches, einen Vortragsstil zu entwickeln, der zu Ihnen passt, um sich bei Redeauftritten wohler zu fühlen.

Überzeugende Redner werden bewundert

Wenn Sie erst einmal erlebt haben, dass es möglich ist, sich bei Vorträgen wohl zu fühlen, wird sich auch Ihre grundsätzliche Einstellung zu Redesituationen wandeln. Nun können Sie sie endlich als zu bewältigende Herausforderung begreifen und brauchen nicht mehr in den Chor der Leidgeprüften einzustimmen. Gelingt Ihnen die Verschiebung des Fokus weg von den Risiken und hin zu den Chancen, erweitern Sie Ihre Karriereoptionen. Die Bereitschaft, sich im betrieblichen Rahmen bei Vorträgen in Szene zu setzen, wird Ihnen für Ihren weiteren beruflichen Aufstieg sehr von Nutzen sein. Dann verkehrt sich die übliche Verteufelung von Redeauftritten für Sie in mehrere Vorteile: Wer sich bereitwillig der Herausforderung Vortrag stellt, kann mit dem Respekt von Kollegen und Vorgesetzten rechnen. Überzeugende Redner werden bewundert – nicht zuletzt deshalb, weil die Mehrheit an Redeängsten leidet und rhetorisches Geschick für sie ein Buch mit sieben Siegeln ist. Und Sie werden nicht nur andere beeindrucken können, sondern auch sich selbst einen Gefallen tun. Genießen Sie die sich einstellende persönliche Befriedigung, wenn Sie mit Ihren Vorträgen Dinge in Bewegung setzen, andere motivieren und für die eigenen Ansichten einstehen können.

Die Angst, nicht perfekt zu sein

Perfektionismus ist der Freund des Stillstands und damit der Feind der Handlung. Wir treffen immer wieder auf Menschen, die derart hohe Ansprüche an ihre Redekünste stellen, dass sie von vornherein verzweifeln und in der Konsequenz auf Redeauftritte grundsätzlich verzichten. Die Optionenauswahl, Seien Sie realistisch entweder gleich als perfekter Redner in Erscheinung zu treten oder für immer und ewig zu schweigen, führt zwangsläufig in eine Sackgasse.

Überzogene Erwartungen

Auch wenn bei sportlichen Freizeitaktivitäten niemand von sich verlangen würde, Weltrekorde aufzustellen, wird die Messlatte in der Disziplin Vorträgehalten oft so hoch gelegt, dass sie auf keinen Fall überwunden werden kann. Dies verleitet viele Menschen zu Fehlschlüssen.

Eine irrige Annahme ist, dass überzeugende Redeauftritte nur Naturtalenten gelingen, denen ihre rhetorischen Fähigkeiten schon mit in die Wiege gelegt wurden. Das falsche Motto »Reden kann man oder nicht!« dient dann als ständige Entschuldigung für die eigenen unzulänglichen Redekünste. Wer glaubt, dass sich Vorträge nur mit angeborener Begabung bewältigen lassen, wird ständig an der eigenen Unzulänglichkeit leiden. Wenn man bei sich mangelndes rhetorisches Talent vermutet und gleichzeitig hoch gesteckte Erwartungen hegt, manövriert man sich selbst in die Falle. Das Gefühl, von vornherein zum Scheitern verdammt zu sein, lässt eine positive Einstellung zu Vorträgen nicht aufkommen. Wer vermutet, dass alle seine Anstrengungen nutzlos sein werden, stempelt sich selbst zum rhetorischen Versager.

Sie müssen kein Naturtalent sein

Sicherlich sind unreflektierte rhetorische Vorbilder mit ein Grund dafür, dass überzogene Erwartungen an die eigene Redekunst gestellt werden. Befragt man die Gruppe der extrem Selbstkritischen nach ihren rhetorischen Vorbildern, werden ausschließlich medial inszenierte Personen genannt. Dazu gehören Fernsehauftritte von Showmastern, In-

**Schaffe ich es,
oder schaffe ich es nicht?**

terviews mit Persönlichkeiten der Zeitgeschichte, Statements von Unternehmensvertretern und manchmal auch die Reden von Politikern. Der Trugschluss, dass Medienberichte die Wirklichkeit abbilden, erstickt den Glauben an eigene Fähigkeiten schon im Keim. Dass die gesendeten Redeauftritte oft von einer Heerschar von Assistenten und Redenschreibern vorbereitet werden, die Medienstars von Betreuern wochenlang trainiert werden, die gesendete Version oft eine mehrmals überarbeitete Variante ist und dass es ausreichende Probeläufe gibt, wird ausgeblendet. Diejenigen, die sich anderen beim Reden hoffnungslos unterlegen fühlen, unterliegen oft einem gewissen Größenwahn: Sie wollen alleine so gut sein wie andere, die von einem Spezialistenteam unterstützt werden. Sie erwarten von sich, dass sie einen einmaligen Auftritt so gut gestalten wie andere, die beliebig viele Probeläufe absolvieren konnten. Und sie wollen sich als Gelegenheitsredner mit denen messen, die Profis mit langjähriger Erfahrung in Sachen Rhetorik sind. Durch den falschen Vergleichsmaßstab werden überzogene Erwartungen an die eigenen rhetorischen Fähigkeiten gestellt.

Dies ist auch aus psychologischer Sicht äußerst problematisch. Bei den Perfektionisten handelt es sich um Misserfolgsmotivierte: Bei ihnen ist die Fähigkeit, eigene Fortschritte in der Kunst der Rede wahrzunehmen, nicht vorhanden. Ganz gleich, welche Anstrengungen man selbst unternimmt, so gut wie die Hochglanz-

vorbilder aus den Medien wird man in der Realität nicht agieren können. Jedes Erlebnis bei Redeauftritten wird negativ eingefärbt, irgendein Haar in der Suppe lässt sich immer finden.

Es ist eigentlich schon schlimm genug, dass bei Redeauftritten immer nur die eigenen Fehler, Probleme und Unzulänglichkeiten gesehen werden. Als Konsequenz aus dieser Problemzentrierung können dann Erfolge nicht mehr genossen werden. Gelingt wider Erwarten einmal ein Vortrag, wird dies nicht den eigenen Fähigkeiten zugeschrieben, sondern als Zufallsprodukt glücklicher Umstände gewertet. Die Kurzformel »Alle Misserfolge gehen auf mein Konto, die wenigen Erfolge sind Zufälle und lassen sich nicht bewusst reproduzieren« kennzeichnen misserfolgsmotivierte Menschen. Dieser verinnerlichte Glaubenssatz rührt regelmäßig aus negativen Erlebnissen in der Kindheit her: Gelobt wurde in der Familie nie, aber jeder noch so kleine Fehler wurde sofort angeprangert.

Genießen Sie Ihre Erfolge!

Das Problem der falschen Vorbilder lässt sich nicht nur bei extrem (selbst-)kritischen Menschen finden, sondern ist weitverbreitet. Oft werden, wenn es um die Redekunst geht, antike Vorbilder aus den Geschichtsbüchern hervorgeholt. Die alten Griechen gelten auch heute noch für viele als rhetorische Ideale. Deren Reden sind allerdings nur in der Schriftform überliefert, ein Video von Platon, Aristoteles und Co. gibt es nicht. Ob diese Vorbilder heutigen Informationsbedürfnissen gerecht würden, ist nicht belegbar. Auf jeden Fall nützt es der eigenen rhetorischen Weiterentwicklung nichts, wenn man sich auf die Suche nach dem Volkstribun in sich selbst begibt. Die heutigen Redesituationen haben nichts mehr mit flammenden Reden an das Volk zu tun. Es geht nicht darum, eine Masse in Wallung zu bringen und politische Entscheidungen mehr oder weniger manipulativ durchzudrücken. Die Anforderungen, welche die moderne Berufswelt an Rednerinnen und Redner stellt, sind andere.

Aus der Gruft gezerrte Ideale

Realistische Ziele lassen sich erreichen

Nehmen Sie von einem Perfektionismus Abschied, der Sie in die Misserfolgsfalle treibt. Natürlich sollen Sie nicht in der momentanen Situation verharren und sie sich schönreden. Sie möchten Ihre Redefähigkeiten verbessern, und Sie brauchen, um dieses Ziel zu erreichen, das dafür nötige Rüstzeug. Illusorische Ansprüche bringen Sie aber nicht weiter, bleiben Sie realistisch in Ihren Zielsetzungen.

Sie müssen in Ihren Präsentationen, Vorträgen und Reden nicht die Weltformel verkaufen oder die endgültige Revolution ausrufen. Die Aufgabenstellung in Ihren Auftritten wird je nach Situation variieren. Machen Sie sich bewusst, was Sie überhaupt erreichen wollen. Die meisten Menschen setzen sich viel zu unbestimmte Ziele, die sich einer Erfolgskontrolle entziehen. Wie wir Ihnen eben dargestellt haben, ist die Gefahr dann viel zu groß, an den eigenen Ansprüchen zu scheitern. Wenn Sie keine Kriterien haben, anhand derer Sie feststellen können, ob Sie mit Ihrem Vortrag Ihr Ziel erreicht haben, können Sie auch Ihre individuellen Fortschritte nicht erfassen.

Unbestimmte Ziele bringen Sie nicht weiter

Setzen Sie sich nicht das vage Ziel »Ich will ein guter Redner werden«. Ihre Redekompetenz setzt sich aus vielen Bausteinen zusammen, die alle einzeln trainiert werden können. Zu einem erfolgreichen Vortrag gehören die Fähigkeit, das Thema zuhörerfreundlich aufzubereiten, der professionelle Umgang mit Medien, die Kunst anschaulicher Schilderungen, das geschickte Reagieren auf Zwischenrufe und Provokationen, ein optimales Zeitmanagement sowie der gezielte Einsatz von Körpersprache. Sie können nicht alle Anforderungen gleichzeitig trainieren.

In Ihrer Vorbereitung müssen Sie Schritt für Schritt vorgehen, um Veränderungsprozesse gezielt in Angriff nehmen zu können und sich dabei nicht zu überfordern. Nur dann werden Sie Fortschritte erreichen und sich ihrer auch bewusst werden.

Schritt für Schritt geht es zum Ziel

So durchbrechen Sie die Negativspirale des Misserfolges und ersetzen sie durch die Positivspirale des Erfolges. Jeder bewältigte Entwicklungsschritt wird Ihnen dann zeigen, dass Sie auf dem richtigen Weg sind und es sich lohnt weiterzumachen.

Die Angst vor dem Publikum

Die Vorstellung, einem fremden Publikum gegenüberzutreten, rührt an Urängsten. Als Einzelner mit einer »fremden Horde«

konfrontiert zu werden, lässt Überlebensinstinkte aufflammen: Soll ich fliehen oder angreifen? Wann fallen sie über mich her? Wo kann ich mich verstecken? Wer jetzt nicht über geeignete Stressbewältigungstechniken verfügt, wird schnell zwischen Ohnmachtsgefühlen und Allmachtsfantasien zerrieben. Ängstlich seiner Unsicherheit freien Lauf zu lassen, ist ebenso wenig eine Lösung wie vom Rednerpult aus den großen Knüppel zu schwingen, um das Publikum einzuschüchtern.

Urängste drängen ans Licht

In der Opferrolle

Viele Vortragende betreten die Rednerbühne mit der Einstellung, dass ihnen das Publikum feindlich gegenübersteht. In unseren Seminaren und Coachings tauchen daher auch immer wieder Fragen auf wie »Was kann ich machen, wenn meine Ausführungen angezweifelt werden?«, »Wie verhalte ich mich bei Kritik aus dem Publikum?« und »Was tue ich bei Zwischenrufen?«. Man sollte natürlich bei Vorträgen auf alle Eventualitäten vorbereitet sein und auch mit den Äußerungen seines Publikums umgehen können. Dennoch sind wir stets davon überrascht, wie bösartig und feindselig die Zuhörerschaft von den Rednerinnen und Rednern eingeschätzt wird.

Wäre das Publikum eine real existierende Person, würde sie vermutlich von der »Anonymen Rednervereinigung« regelmäßig zum Schurken des Jahres gekürt werden. Niemand scheint heimtückischer zu sein als »das Publikum«, niemand ist gehässiger als »das Publikum«, und niemand ist niederträchtiger als »das Publikum«. Dabei ist eher das Gegenteil der Fall. Im Allgemeinen ist das Publikum geduldiger mit seinen Rednern, als es denen zusteht. Bis man es als Redner schafft, ein Publikum gegen sich aufzubringen, muss man schon einiges an Anstrengungen investieren.

Das Publikum ist Ihnen wohlgesonnen!

Umgeben von Feinden

Beratung

Ein Mitarbeiter einer Handelskammer bat uns um Rat, um sich bei seinen Redeauftritten besser durchsetzen zu können. Damit wir ein besseres Bild von seinen Problemen gewinnen konnten, begleiteten wir ihn zu einem Auftritt vor dem Einzelhandelsverband. Das zu referierende Thema lautete: »Wie bringen wir den Kunden zurück in die City?« Unser Kunde hatte uns gesagt, dass er kein gutes Gefühl habe, was den Verlauf dieser Veranstaltung betrifft. Er rechne damit, als Blitzableiter für die unzufriedenen Einzelhändler herhalten zu müssen.

Von Anfang an wurde im Vortrag die Abwehrhaltung des Handelskammer-Referenten deutlich. Er formulierte sehr vage und zitierte seitenlang abstrakte Ergebnisse aus Studien, statt auf die konkrete Situation in seiner Stadt einzugehen. Auch körpersprachlich verschanzte er sich vor dem Publikum. Wann immer es ging, trat er hinter das Rednerpult. Sonst stand er mit verschränkten Armen neben dem Beamer und musterte seine Zuhörer mit gesenktem Kopf. Mit zunehmendem Verlauf des Vortrages wurde er immer nervöser. Als dann die ersten Zwischenfragen laut wurden, verlor er sichtlich die Fassung. Seine Antworten auf Zuhörerfragen koppelte er mit Schuldvorwürfen an Adressaten im Publikum. Zwischenrufen begegnete er unverhohlen feindselig.

In unserer Analyse seines Vortrages am nächsten Tag machte der Referent dem Publikum Vorwürfe. Er glaubte sich in seiner Einschätzung bestätigt, dass er von seinem Abteilungsleiter einer aufgebrachten Menge zum Fraß vorgeworfen worden war.

Mit unserer Situationsanalyse deckte sich diese Einschätzung nicht. Das Publikum hatte sich abwartend interessiert gezeigt. Die von dem Vortragenden angeführten kritischen Blicke hatten eher gespannte Aufmerksamkeit und Interesse dokumentiert. Auch das Stirnrunzeln Einzelner war wohl weniger Ablehnung, sondern eher nachdenkliche Konzentration. Die Zwischenfragen waren zwar um die Rolle der Handelskammer bei der Stärkung des Standortes City gekreist, aber keinesfalls mit Schuldzuweisungen behaftet gewesen. Insgesamt mussten wir festhalten, dass unser Kunde auf sein Publikum losgegangen war und nicht die Zuhörer auf ihn. Der Referent hatte sich dermaßen in seine Fehleinschätzung – jemand wolle ihm etwas Böses – verrannt, dass diese selbst erfüllende Prophezeiung schließlich wahr wurde.

Fazit: Das Motto »Angriff ist die beste Verteidigung« wird immer wieder von Rednern mit in den Vortrag genommen. Ob das Publikum sich tatsächlich feindselig verhält, spielt für sie eine untergeordnete Rolle. Im Zweifelsfall schlagen diese Redner einfach so lange um sich, bis die Zuhörer tatsächlich aufgebracht reagieren. Dann fühlen sie sich in ihrer Ansicht bestätigt und gehen auch in den nächsten Vortrag mit einer ausgeprägten Angriffshaltung.

Bringen Sie Ihr Publikum nicht gegen sich auf. Verzichten Sie darauf, einzelne Zuhörer oder die von ihnen vertretene Interessengruppe direkt oder indirekt anzugreifen. Auch der Versuch, mit gängigen Feindbildern zu operieren, um dadurch das Publikum hinter sich zu bringen, geht regelmäßig schief. Die Einleitung »Ich freue mich, in unserer Runde auch eine abgeord-

Vermitteln Sie Souveränität

nete Quotenfrau zu begrüßen« wird nicht nur bei der Angesprochenen für Verstimmung sorgen, sondern auch das männliche Publikum an Ihrer Souveränität zweifeln lassen. Genauso ungeeignet sind humorige Einwürfe wie »Der Ingenieur ist das Kamel, auf dem der Betriebswirt zum Erfolg reitet« oder »Den letzten Punkt wiederhole ich noch einmal, damit ihn auch unsere sanft entschlafenen Beamten im Publikum mitbekommen«. Es wird Ihnen als Redner keinen Vorteil bringen, andere zu diskreditieren. Ihr Licht scheint nicht heller, wenn Sie versuchen, andere in den Staub zu treten, im Gegenteil: Mit dem aufgewirbelten Staub werden Sie einen ungetrübten Blick auf Ihre Vortragsinhalte verhindern. Die negativen Aspekte, die sich aus einer Abwertung anderer ergeben, werden Sie spätestens in einer an den Vortrag anschließenden Diskussion zu spüren bekommen. Flapsigkeiten, Beleidigungen und Angriffe vergiften das Vortragsklima.

Strecken Sie die Hand aus

Wer sich bei seinen Redeauftritten stets als Opfer begreift, setzt sich damit starkem Stress aus. Je nach individueller Prägung kippt das eigene Verhalten in eine aggressive Vorwärtsverteidigung oder in eine lähmende Unsicherheit. Das Publikum als Partner zu begreifen, fällt vielen Vortragenden schwer. Dabei lassen sich Inhalte nicht gegen ein Publikum vermitteln, sondern nur mit ihm. Ohne einen gegenseitigen Vertrauensvorschuss geht es dabei nicht. Geben Sie Ihrem Publikum eine Chance. So nehmen Sie den Druck von sich und können Vortragssituationen ohne aggressive Stimmung beziehungsweise Beklommenheit angehen.

Weder Freund noch Feind

Das Publikum als Partner

Es gibt nur wenige Situationen, in denen Sie wirklich annehmen müssen, dass das Publikum Ihnen gegenüber kritisch oder womöglich feindselig eingestellt sein wird. Wenn Sie beispielsweise als Pressesprecher Stellung zu einem von Ihrem Unternehmen verantworteten Umweltskandal nehmen müssen, sollten Sie sich warm anziehen. Diese Redesituationen sind aber die Ausnahme. Im Regelfall steht Ihnen Ihre Zuhörerschaft neutral gegenüber. Zu Beginn Ihres Vortrages ist das Publikum üblicherweise noch nicht Ihr Freund, Sie müssen einiges an Einsatz bringen, um sich dessen Sympathie zu erarbeiten. Keinesfalls ist das Publikum aber von vornherein Ihr Feind. Sie haben es selbst in der Hand, ob Sie Ihre Zuhörer für sich einnehmen oder gegen sich aufbringen.

Vermeiden Sie Reizthemen

Wenn Sie einem unbekannten Publikum gegenübertreten, ist diese Situation vergleichbar mit dem Aufbau persönlicher Kontakte im Berufs- oder Privatleben. Man versucht sich auf die neue Bekanntschaft einzustellen, sorgt mit ein wenig Small Talk für anregende Unterhaltung, hebt Gemeinsamkeiten hervor, geht diplomatisch vor und achtet darauf, Reizthemen außen vor zu lassen. Im Idealfall haben Sie sich vorher erkundigt, welche Position Ihr neuer Gesprächspartner bekleidet, welche Vorlieben er hat und welche Themen für ihn ein rotes Tuch sind. Auf diese Weise sollten Sie auch verfahren, wenn Sie sich einem Publikum stellen. Sie werden dessen Zuneigung gewinnen, wenn Sie vor Ihrem Vortrag die Zusammensetzung des Publikums analysieren, auf die Suche nach gemeinsamen Interessen gehen, auf Provokationen verzichten, sich am Sprachgebrauch des Publikums orientieren und mit einem gewissen Unterhaltungswert für gute Stimmung sorgen.

Alle Ihre Bemühungen, ein Publikum für sich einzunehmen, können leicht durch Ihre Körpersprache konterkariert werden. Sie müssen sich über die Art und Weise bewusst werden, wie Sie auf der Bühne agieren. Wir erleben es immer wieder, dass Rednerinnen und Redner gerade in der Anfangsphase, in der immer etwas Lampenfieber herrscht, Stressgesten zeigen, die vom Publikum als Aggressivität oder extreme Unsicherheit gedeutet werden. Es lohnt sich, die eigenen Lieblingsverhaltensweisen

Nehmen Sie sich unter die Lupe

bei Vorträgen einmal unter die Lupe zu nehmen und einer Auswertung zu unterziehen. Wir werden Ihnen später wirksame Strategien zum gezielten Einsatz Ihrer Körpersprache vorstellen. Das heißt nicht, dass Sie sich verbiegen müssen, und es wird Ihnen auch keine Schauspielerei abverlangt. Ihr Ziel wird es sein, Ihre Wortbeiträge mit einer stimmigen Körpersprache zu unterstützen. Schließlich geht es bei der Kunst der Rede darum, eine optimale Wirkung auf die Zuhörer zu erreichen. Dies gelingt Ihnen dann am besten, wenn Ihr persönlicher Auftritt das von Ihnen Gesagte unterstützt.

Sie machen es sich für Ihre Redeauftritte leichter, wenn Sie Ihr Publikum als Partner sehen. Die Zuhörer, die zu Ihrem Vortrag kommen, sind durchaus bereit, Ihnen einen Vertrauensbonus einzuräumen. Nutzen Sie die offene Situation, die zu Beginn eines Vortrages herrscht. Liefern Sie einen überzeugenden persönlichen Auftritt, und Sie werden die Sympathie des Publikums gewinnen. Es liegt an Ihnen, ob Ihr Publikum zu Ihrem Feind oder zu Ihrem Freund wird.

Die Angst vor dem Thema

Ganz gleich, ob man Experte in seinem Vortragsgebiet ist oder vom Chef dazu verdonnert wird, ein Randthema zu erörtern – die Angst, dem Thema nicht gerecht werden zu können, belastet jeden Redner. Am größten ist die Aufregung natürlich, wenn der Vortrag es verlangt, sich in ein Thema neu einzuarbeiten. Immer wieder hören wir in unseren Seminaren: »Wenn ich
mich fachlich hundertprozentig auskenne, fallen mir Vorträge leichter.« Natürlich fühlen auch Sie sich sicherer, wenn Sie die Vortragsinhalte durch und durch beherrschen. Dennoch ist Vorsicht geboten: Der Expertenstatus vermittelt nur eine trügerische Sicherheit. Über Fachwissen zu verfügen, bedeutet noch nicht automatisch, dass Sie auch über Vermittlungsge-

schick verfügen. Somit bleibt stets die Unsicherheit, ob Sie es auch schaffen, Ihr Thema so aufzubereiten, dass Ihre Zuhörer gut informiert werden.

Vermittlungsschwierigkeiten

Die unausweichliche Frage »Bekomme ich das Thema in den Griff?« beschäftigt viele Rednerinnen und Redner. Welche Informationen gehören unbedingt in den Vortrag? Was muss alles thematisiert werden? Worauf kann verzichtet werden? Wie detailliert müssen die Ausführungen sein? Auf welche Weise Sie dann in Ihrem Vortrag vorgehen, hängt davon ab, ob Sie sich mit dem Thema vertraut fühlen oder ob Sie Neuland betreten müssen.

Treten Sie zu Beginn souverän auf

Am offensichtlichsten wird die Themenangst dann, wenn Vortragende sich gleich zu Beginn ihrer Rede in Entschuldigungen flüchten. Einleitungen wie »Ich hatte wenig Zeit mich vorzubereiten, aber ich hoffe, Ihnen trotzdem die eine oder andere Information geben zu können« oder »Ich bin mir nicht sicher, ob es mir gelingen wird, Ihnen alle relevanten Aspekte des Themas mitzuteilen« lassen das Publikum von vornherein nichts Gutes erwarten. Mindestens ebenso schlimm ist es, dass sich Redner mit derart ungeschickten Startformulierungen selbst zum Unwissenden stempeln. Wer sich selbst klein macht, hat nur wenig Chancen, sicher und souverän aufzutreten. Regelmäßig verläuft dann der gesamte Vortrag unsicher und ängstlich. Beginnt auch noch das Publikum, einzelne Äußerungen anzuzweifeln, ist der Vortrag oft nicht mehr zu retten. Dies muss nicht sein, da sich das Publikum oft erst durch die Selbstabwertungen des Redners bemüßigt fühlt, einzugreifen und Dinge richtig zu stellen. Schließlich lässt sich niemand gerne zu Beginn eines Vortrages, auf den er sich gefreut hat, mit einem »Eigentlich habe ich zum Thema nichts zu sagen« abspeisen.

Machen Sie sich nicht unnötig klein

Was sag ich nur?

Müssen Sie sich einmal mit Ihnen weniger vertrauten Themen befassen, sollten Sie im Vortrag auf Entschuldigungen verzichten. Lassen Sie das Publikum stets spüren, dass Sie Ihr Bestes geben. Schließlich haben Sie sich – so gut es ging – vorbereitet. Niemand verlangt von Ihnen, dass Sie so tief im Thema stecken wie die Experten, die sich seit Jahr und Tag auf diesen Bereich konzentrieren. Machen Sie den vermeintlichen Nachteil zu einem Vorteil. Ihr Blick ist nicht durch die Fachbrille getrübt. Da Sie sich als interessierter Laie in das Thema eingearbeitet haben, wissen Sie eher, welche Bedürfnisse Ihr Publikum hat. Stellen Sie die Fragen heraus, die auch Sie bei der Einarbeitung ins Thema beschäftigt haben. Es gibt keine Notwendigkeit, Ihre eigene Vorbereitungsleistung abzuwerten und das Publikum mit dem Hinweis auf Ihre vermeintlich schlechte Aufbereitung vor den Kopf zu stoßen.

Auch Experten haben oft Schwierigkeiten in der Vermittlung ihres Fachgebietes. Sie beschäftigen sich zwar laufend mit dem Thema, haben aber immer das Gefühl, komplexe Inhalte **Zu viele** nicht in einer knappen Vortragszeit darstellen zu können. Sie **Informa-** glauben, dass sie dem Thema unrecht tun, wenn sie es kompri- **tionen sind** miert wiedergeben müssen. Ständig sehen sie in ihrem Geiste **nicht nötig** den kopfschüttelnden Fachkollegen, der ob der simplen Darstellung die Hände über dem Kopf zusammenschlägt und sofort einen geharnischten Leserbrief verfasst. Im Bemühen, so viel Informationen wie möglich in ihrem Vortrag unterzubringen, überfordern die Experten dann regelmäßig sich selbst und ihre Zuhörerschaft.

Überladen mit Informationen, wird sich das Publikum spätestens am nächsten Tag nur noch rudimentär an die Ausführungen des Vortragenden erinnern können. Damit ist die Chance vergeben, mit zentralen Botschaften die Köpfe und Herzen der Zuhörer zu erreichen. Die ganze Mühe war umsonst, der Redner fühlt sich ausgegrenzt, unverstanden und allein gelassen. In der Konsequenz versuchen Experten im nächsten Vortrag dann meistens nicht, Inhalte prägnanter zu vermitteln. Sie erhöhen die Informationsdichte ein weiteres Mal und erleiden wiederum Schiffbruch. Letztendlich werden Vorträge zu gefürchteten Pflichtaufgaben. Aufatmen können die Spezialisten dann nur noch, wenn sie sich endlich wieder alleine in ihrem Forschungszimmerchen einschließen können.

Warum versteht mich keiner?

Kompetent informieren

Verabschieden Sie sich von der Vorstellung, ein Thema in einer zumeist knapp bemessenen Vortragszeit erschöpfend darstellen zu können. Sie werden immer Schwerpunkte setzen und sich auf ausgewählte Informationen beschränken müssen. Überschütten Sie Ihr Publikum mit einer Masse an Daten, Fakten und Details, wird es Ihre Vortragskompetenz infrage stellen. Damit leidet automatisch auch Ihre Anerkennung als Fachfrau beziehungsweise Fachmann fürs Thema. Viel hilft nicht viel, die Kunst der Beschränkung bringt Sie in der Regel weiter als ausufernde Fachmonologe.

Beschränken Sie sich auf Schwerpunkte

Es bringt nichts, das Publikum totzureden. Wenn es erst einmal sanft entschlafen ist, hat sich das Interesse an dem von

Ihnen aufbereiteten Thema erledigt. Damit Sie dem Publikum überhaupt als Experte im Gedächtnis haften bleiben, müssen Sie es schaffen, eine Balance aus souveräner Selbstdarstellung und gelungener Themenaufbereitung zu finden. Endlose Monologe wirken nicht besonders eloquent. Statt ohne Punkt und Komma zu reden, sollten Sie lieber Wesentliches von Unwesentlichem trennen und auf den Punkt kommen. Unterstützen Sie Ihre Kernargumente mit Visualisierungen. Gezielter Medieneinsatz sorgt dafür, dass sich Ihre Aussagen besser in den Köpfen der Zuhörer verankern lassen. Greifen Sie zum Flipchart, zum Overheadprojektor oder zur PC-unterstützten Präsentation. Achten Sie dabei aber darauf, dass Sie als Person **Nutzen Sie** nicht durch geballten Technikeinsatz in den Hintergrund ge**Visuali-** drängt werden. Ihre persönliche Ausstrahlung ist unverzicht**sierungen** bar, um die Zuhörer für das Thema zu gewinnen.

Gewöhnen Sie sich an, Themen stets für ein interessiertes Publikum und nicht für imaginäre, überkritische Fachkollegen aufzubereiten. Vorträge außerhalb von akademischen Lehranstalten sind keine wissenschaftlichen Dispute. Berücksichtigen Sie, dass Ihr Publikum üblicherweise schlechter informiert sein wird als Sie.

Behalten Sie die Informationsbedürfnisse und -kapazitäten Ihrer Zuhörer im Blick. Man wird Ihnen umso aufmerksamer zuhören, je deutlicher Sie den Nutzen herausstellen, den das Publikum von einer Beschäftigung mit den von Ihnen vorgestellten Inhalten hat. Machen Sie klar, welche Anwendungen sinnvoll wären, welche Vorteile für Ihre Lösung sprechen, weisen Sie auf Optimierungspotenziale hin oder benennen Sie Einsparmöglichkeiten. Wenn Sie es schaffen, dass die Zuhörer beginnen, sich zu überlegen, was Ihre Ausführungen für sie selbst bedeuten, haben Sie es geschafft: Ihre Vortragsinhalte **Aktivieren Sie** sind beim Publikum gelandet. Und dies nicht, weil Sie es mit **Ihre Zuhörer** fachlichen Ausführungen erschlagen haben, sondern weil Sie es mit gezielten Anregungen aktiviert haben.

Die Angst vor der Verantwortung

Wer die Rednerbühne betritt, nimmt eine exponierte Stellung ein. Das Heraustreten aus der Gruppe der Kollegen bietet durchaus Angriffsflächen. Redner, die sich allein vor ihre Zuhörerschaft stellen, werden für den Zeitraum der Präsentation plötzlich zum Alleinverantwortlichen. Ebenso wie die gewohnte Unterstützung des Teams fehlt die Möglichkeit, Kollegen mit einzuspannen oder um Rat zu fragen. Die Freiheiten, die Redner bei der Ausgestaltung ihres Vortrages genießen, können zur Belastung werden. Schließlich will die Zuhörerschaft überzeugt, unterhalten und informiert werden. Sitzen Vorgesetzte mit im Publikum, können sich Rednerinnen und Redner sicher sein, dass ihre Leistungen aufmerksam registriert werden. Manche Kollegen werden möglicherweise Schwächen im Vortrag zum Anlass für Sticheleien nehmen. Kunden wollen zu einer Kaufentscheidung hingeführt werden. Nicht nur die Ansprüche des Publikums lasten zentnerschwer auf den Schultern des Vortragenden, auch das Thema fordert eine adäquate Aufarbeitung ein. Und schließlich möchte man als Redner auch seinen eigenen Ansprüchen gerecht werden und einen souveränen Auftritt liefern – gar nicht so einfach.

Vorgesetzte hören mit

Zwischen allen Fronten

Mit den Gestaltungsspielräumen auf der Rednerbühne korrespondiert ein ganzes Bündel von Pflichten. Durchschauen Vortragende nicht, was von ihnen erwartet wird, oder lassen sie einzelne Pflichten unberücksichtigt, können Vorträge entgleisen. In unseren Rhetorikseminaren kann fast jeder Teilnehmer Beispiele für schief gelaufene Redeauftritte liefern. Der Wille, künftig Pannen zu vermeiden, setzt voraus, dass man erkennt, worin diese begründet waren. Dass ein Redner mehr zu beach-

Pannen gehören der Vergangenheit an

ten hat, als sein Manuskript fehlerfrei vorzutragen, ist vielen gar nicht klar. Einseitige Ausrichtungen bringen aber Probleme mit sich.

Wer sich beispielsweise zu stark auf das Publikum konzentriert, verliert oft wichtige Inhalte aus dem Blick. Dieses Phänomen tritt immer dann auf, wenn sich Vortragende ihr Thema von Zuhörern zerreden lassen. Ebenso falsch ist es, sich nur auf die Inhalte zu konzentrieren, denn dann leiden die Bedürfnisse des Publikums. Fachvorträge, in denen an den Zuhörern vorbeigeredet wird, sind ein häufig anzutreffendes Beispiel.

Führen Sie durchs Thema Als Redner haben Sie die Verantwortung für die Ausgestaltung der Vortragszeit. Diese sollten Sie sich nicht aus den Händen nehmen lassen. Wenn Störungen anfangen, den Vortrag zu bestimmen, sind Sie Ihrer Verantwortung nicht gerecht geworden. Wie in jeder Situation, in der Sie unterschiedliche Interessenlagen unter einen Hut bekommen müssen, müssen Sie auch Führungsqualität zeigen. Führung meint hier eine bewusste Moderation von zum Teil widersprüchlichen Absichten. Wenn Sie zulassen, dass es in Ihren Vorträgen drunter und drüber geht, geraten Ihre Ziele schnell zu kurz. Falsch verstandene Toleranz führt Sie in die Sackgasse. Störungen haben die unangenehme Eigenschaft, ein Eigenleben zu entwickeln, dem Sie schwer wieder Herr werden können.

Beratung

Aus unserer Beratungspraxis

Zwischen zwei Streithammeln

Eine Teamleiterin kam zu uns, weil sie bei sich selbst Vortragskompetenzen vermisste. Sie litt daran, dass ihr ihre Vorträge ständig entglitten. Geprägt durch mehrere schlechte Erfahrungen, wollte sie sich der Herausforderung Vortrag nicht mehr stellen. Bei der Analyse ihres

Falles stellte sich heraus, dass ihre Probleme darin lagen, dass einzelne Zuhörer ihr ständig das Heft aus der Hand nahmen. Zwei ihrer Teammitglieder gingen auch während der täglichen Arbeit wie Katz und Hund miteinander um. Dies war im Tagesgeschäft erträglich, da sie räumlich voneinander getrennt waren.

Bei Teambesprechungen und Präsentationen trafen sie jedoch aufeinander und fingen stets an, sich gegenseitig zu beharken. Statt ihren Vortrag weiter voranzutreiben, musste unsere Kundin dann hilflos zusehen, wie ihre Inhalte zwischen den beiden Streithammeln zerrieben wurden. Nach Vortragsende herrschte stets eine schlechte Stimmung im Team. Irgendwie hatte die Teamleiterin das Gefühl, dass sie als Vortragende daran schuld war, wusste jedoch keine Abhilfe.

Wir vermittelten der Teamleiterin, dass die Balance zwischen dem Vortragsthema, der Zuhörerschaft und ihren Vorstellungen als Vortragende wichtig ist. Wird das Vortragsthema aufgegeben, nur um einzelnen Zuhörern mehr Raum zu geben, verlieren alle. Nach einigen Übungseinheiten, in denen wir mit unserer Kundin Unterbrechungsgesten, die direkte Ansprache von einzelnen Zuhörern, das Herausstellen des Allgemeininteresses und Schlichtungstechniken trainierten, fühlte sie sich sichtlich wohler. Sie nahm ihre Präsentationsaufgaben in der Gewissheit, auch mit Konflikten umgehen zu können, wieder auf.

Fazit: Die schweigende Mehrheit im Publikum erwartet von Vortragenden, dass diese sich zum Anwalt des Themas machen. Dazu gehört auch, Stellung gegen diejenigen zu beziehen, die das Thema kaputtreden wollen. Als

Vortragender übernimmt man nicht nur die Verantwortung für den eigenen Auftritt, sondern auch die Verantwortung für die Bedürfnisse des Publikums und die Vortragsinhalte.

Nutzen Sie Ihren Gestaltungsspielraum

Gestaltungsspielraum sollte für Sie nicht heißen, einfach den Dingen ihren Lauf zu lassen. Sie machen es sich selbst einfacher, wenn Sie sich der Verantwortung für einen gelungenen Vortragsablauf stellen. Je mehr Sie sich aus Angst vor der Verantwortung zurückziehen, desto eher werden Sie zum Spielball fremder Interessen und setzen nicht nur Ihre Glaubwürdigkeit, sondern auch Ihr Wohlbefinden aufs Spiel. Sie haben als Redner durchaus Macht auf der Bühne. Der gezielte Einsatz dieser Macht ist legitim, solange Sie daran arbeiten, die Interessen von Thema, Publikum und Ihrer eigenen Person miteinander in Einklang zu bringen.

Machen Sie sich zunächst bewusst, dass der Vortrag, den Sie halten, *Ihr* Vortrag ist. Lassen Sie sich ihn nicht aus der Hand nehmen. Es ist ein Unterschied, ob Sie Zwischenfragen zulassen oder es einzelnen Zuhörern erlauben, den Vortrag an sich zu reißen. Um der Gesamtheit des Publikums gerecht zu werden, müssen Sie manchmal einzelne Zuhörer elegant abwürgen, Streitfragen mit Glaubenscharakter in die Pause verschieben oder Streithammeln »die Hammelbeine lang ziehen«.

Die Vortragszeit gehört Ihnen

Um in Ihren Vortrag die relevanten Interessen integrieren zu können, müssen Sie sich bewusst machen, wem er eigentlich dienen soll. Für wen halten Sie den Vortrag, und warum? Nur wenn Sie sich den Hauptadressaten immer wieder vor Augen führen, können Sie verhindern, dass »Zweigniederlassungen«

eröffnet werden. In der zumeist knapp bemessenen Vortragszeit lässt sich ein Thema niemals in allen seinen Facetten beleuchten. Sie werden nicht vermeiden können, dass einige Aspekte unbehandelt bleiben müssen. Ihre Verantwortung ist also nicht, ein Thema völlig umfassend und in jeder Aussage unangreifbar vortragen zu können. Vielmehr geht es darum, ein Thema für die vor Ihnen sitzende Zielgruppe aufzubereiten und die Informationen so zu vermitteln, dass Ihr Publikum einen Nutzen aus Ihren Ausführungen ziehen kann. Es kann Ihnen also durchaus passieren, dass Sie mit »schlauen Zwischenbemerkungen« konfrontiert werden, die jedoch wenig mit Ihren Informationsabsichten zu tun haben. Scheuen Sie sich nicht, diese Anmerkungen als »interessant, aber für den Vortrag nicht relevant« zu klassifizieren.

Bereiten Sie Ihr Thema zielgruppengerecht vor

Unterscheiden Sie zwischen Wortbeiträgen aus dem Publikum, die den Vortrag voranbringen und für die Mehrheit der Zuhörer einen Erkenntnisgewinn bedeuten, und solchen, die den Vortrag eher verwässern und womöglich vom Thema weg in die Irre führen. Lernen Sie auch, Fragen und Wortbeiträge zurückzustellen, um Ihre eigenen Ausführungen erst einmal »durchzubringen«. Sie müssen nicht auf jede Äußerung eingehen. Nehmen Sie sich das Recht und die Zeit, um die Darstellung Ihrer eigenen Gedanken abzuschließen.

Ihr verantwortungsvoller Umgang mit dem Publikum zeigt sich auch daran, wie Sie die Rahmenbedingungen Ihres Vortrages im Griff haben. Immer wieder kommt es vor, dass das Publikum innerlich abgeschaltet hat, weil schlicht und einfach der Sauerstoff im schlecht gelüfteten Vortragsraum fehlte. Auch wiederholte Zwischenfragen können ihre Ursache in schlechten Sichtverhältnissen auf die Projektionsfläche von Overheadprojektor oder Beamer haben. Wer als Redner bei längeren Vorträgen nicht genügend Pausen anbietet, darf sich ebenfalls nicht wundern, wenn das Publikum unruhig wird und zu murren beginnt. Leider fehlt den meisten Rednern die

Beachten Sie die Rahmenbedingungen

Flexibilität, auf Störungen im Vortrag angemessen reagieren zu können. Sie sind in der Regel so mit sich und ihren Stresssymptomen beschäftigt, dass sie mit nicht eingeplanten Schwierigkeiten nicht umgehen können. Gute Vorträge lassen sich aber nicht nach »Schema F« durchziehen. Wenn Sie Ihre Zuhörer wirklich erreichen und dem Thema gerecht werden wollen, müssen Sie den dafür geeigneten Rahmen schaffen. Sonst werden Sie schmerzhaft erfahren, dass auch kleine Störfaktoren große Wirkung entfalten können.

Schaffen Sie einen geeigneten Rahmen

Die Angst vor dem Blackout

Der Super-GAU im Vortrag ist der Blackout. Plötzlich fällt dem Redner absolut nichts mehr ein. Er weiß nicht, wie er den Faden wieder aufnehmen kann. Wie festgenagelt steht er mit schreckgeweiteten Augen vor dem Publikum. Hilfe suchend blickt er in alle Richtungen, unfähig, den Vortrag fortzusetzen, erstarrt er zur Salzsäule. Die Angst, im Vortrag stecken zu bleiben und nicht weiterzuwissen, beschäftigt alle Rednerinnen und Redner und hängt bei unsicheren Vortragenden stets wie ein Damoklesschwert über dem Rednerpult. Wie kann es überhaupt zu einem Blackout kommen? Und was können Sie dagegen tun?

Was können Sie gegen einen Blackout tun?

Kontrolliert durchs Reptilienhirn

Viele Redner wissen, dass auch die beste inhaltliche Auseinandersetzung mit dem Vortragsthema nicht immer verhindern kann, dass der Faden einmal reißt. Der Blackout scheint also weniger ein Problem der fachlichen Kompetenz zu sein, sondern eher im persönlichen Umgang mit Stress zu liegen.

Dass bei Vorträgen Stresssymptome auftauchen, lässt sich nicht ausschließen. Es ist von Mensch zu Mensch unterschiedlich, wie stark der Einzelne auf Stress reagiert. Völlig stressfrei geht kein Vortrag über die Bühne. Auch Redeprofis empfinden vor ihren Auftritten Lampenfieber. Bei Gelegenheitsrednern ist der Stresslevel allerdings ungleich höher. Stress wird in Vorträgen nicht nur dadurch ausgelöst, dass man nicht genau einschätzen kann, wie die Zuhörer reagieren, und sich oft auch nicht sicher ist, wie gut man das Thema rüberbringen kann. Ein ganz wesentlicher Stressfaktor ist schlicht und einfach, dass man sich bei Vorträgen einer größeren Gruppe von Menschen allein gegenüberstellt.

Stress-Symptome sind manchmal unvermeidbar

Auch bei geübten Rednern rührt dies stets an Urängsten. Man tritt vor eine »feindliche Horde« und muss mit dieser Situation erst einmal klarkommen. Obwohl man rational weiß, dass die Zuhörer zumindest nicht körperlich über einen herfallen werden, empfinden viele Redner ein unterschwelliges Gefühl der Bedrohung. Diese vermeintliche Bedrohung setzt Gehirnprozesse in Gang, die eine Kettenreaktion auslösen können, an deren Ende der Blackout stehen kann. Die Reste unserer steinzeitlichen Überlebensinstinkte greifen auf einmal wieder. Plötzlich geht es nicht mehr um rationale Erwägungen, das Reptilienhirn übernimmt die Kontrolle.

Entwicklungsgeschichtlich ist das Großhirn, das un-

Was mach ich hier nur?

ser rationales Bewusstsein steuert, viel jüngeren Datums und kann von den älteren Gehirnbereichen in Ausnahmesituationen überstimmt werden. Rationales und analytisches Denken werden dann in den Hintergrund gedrängt, und es tritt instinktives Flucht- oder Angriffsverhalten in den Vordergrund. In der Vorzeit der Menschheit waren Flucht- und Kampfreaktionen viel bestimmender für das tägliche Dasein als intellektuelle Höchstleistungen. Wenn sich die Kämpfer der verfeindeten Nachbarhorde, ein Säbelzahntiger oder eine Mammutherde unseren Vorfahren näherte, dann sicherlich nicht, um einen freundlichen Small Talk über das Wetter zu führen oder mit ihnen über artgerechte Tierhaltung zu diskutieren. Instinktiv musste in Sekundenbruchteilen entschieden werden, ob ein Kampf zu gewinnen war oder ob nicht ein geordneter Rückzug sinnvoller erschien.

Der richtige Umgang mit Instinkten

In diese Instinktfalle können auch neuzeitliche Menschen geraten, wenn sie als Redner allein vor einer fremden Publikumshorde stehen. Da Flucht oder Angriff aber keine adäquaten Reaktionen im Vortrag sind, kann die stressige Situation nicht so leicht aufgelöst werden. Mit diesen Vorerklärungen kommen wir dem Phänomen des Blackouts auf die Spur. Gefangen in der Stresssituation, die viele Redner mit körperlichen Verspannungen noch verstärken, klemmt das Reptilienhirn die für rationales Denken und Sprachverarbeitung zuständigen Gehirnbereiche von der Sauerstoffversorgung ab und leitet den Energiestrom auf die für Emotionen und die Bildverarbeitung zuständigen Areale um.

Das Phänomen des Blackouts

Plötzlich sind Argumentationsketten durchschnitten, auch die naheliegendsten Wortbeiträge können nicht mehr erinnert werden, selbst die simpelsten Erklärungen kommen nicht mehr über die Lippen. Stattdessen tauchen die Redner innerlich in Bilder ein, die sie vor ihrem inneren Auge projizieren. Sie sehen im Geiste die dunklen Gewitterwolken, die über ihnen hängen, die Grimassen angriffslustiger Zuhörer, oder sie flüchten in bunte Fantasiewelten, die sie von ihrem Leiden ablenken.

Beobachtet man Redner, die den Faden verloren haben und sich mitten in einem Blackout befinden, sieht man immer wieder hin- und herrollende Augen, die krampfhaft nach Bildern suchen, die aus der Patsche helfen könnten. Gefunden wird aber leider nichts. Dies liegt daran, dass die Vortragsvorbereitung fast immer rational-sprachlich orientiert angegangen wird. Bildhafte Elemente fehlen, stattdessen wimmeln abstrakte Buchstabenkolonnen auf weißem Papier. Wer für Blackouts anfällig ist, muss sich auf die gehirnphysiologischen Gegebenheiten einstellen und auch in der Vorbereitung eine spezielle Strategie verfolgen.

Eine spezielle Strategie hilft bei Blackouts

Stress im Griff

Rednerinnen und Redner, die sehr sensibel auf Stresssituationen reagieren, sollten für ihre Vorträge auf jeden Fall Visualisierungen nutzen. Wie erwähnt, fällt unter Stress der Zugriff auf die älteren, bildverarbeitenden Gehirnbereiche leichter. Dies sollten Sie in der Vorbereitung und auch während Ihres Vortrages nutzen. Speichern Sie zentrale Informationen in den Gehirnbereichen ab, die Ihnen auch unter Stress als Informationslieferanten zur Verfügung stehen. Da Emotionen und Bilder in den gleichen Gehirnarealen bearbeitet werden, fällt Ihnen unter Druck die Erinnerung an visuelle Eindrücke leichter als an Worte. Verlassen Sie sich nicht auf ein klassisches Vortragsmanuskript. Entwickeln Sie für Vorträge auch grafische Elemente, die Ihnen als Informationsanker dienen können.

Erinnerung durch Visualisierung

Achtung, verwechseln Sie per Overheadprojektor oder Beamer projizierte Textzeilen nicht mit den grafischen Elementen, die Ihnen helfen können, Blackouts zu vermeiden. Hilfreicher sind kleine Zeichnungen, Mind-Maps, Entscheidungsbäume und Ablaufschemata. In Ihrem Vortragsmanuskript sollten Sie ebenfalls mit grafischen Symbolen arbeiten. Verweisen Sie mit Pfeilen auf Schlussfolgerungen, setzen Sie Ausrufezeichen an Kernargumente, verwenden Sie Smileys für Praxisbeispiele oder Glühbirnen für besondere Aha-Effekte, bei denen Ihren Zuhörern ein Licht aufgehen wird.

Wenn der Anfang gut gemeistert wird Die Blackout-Gefahr ist nicht im gesamten Vortrag gleich hoch. Es gibt bestimmte Phasen, in denen Sie anfälliger für eine Meuterei des Reptilienhirns sind. Besonders am Anfang eines Vortrages, wenn Sie sich noch an die Situation gewöhnen müssen und Ihre Aufregung am größten ist, sind Sie gefährdet. Allein das Betreten der Bühne, während sich unzählige Augenpaare auf Sie richten, bringt erheblichen Stress mit sich. Ihr erster Blick ins Publikum und die Erkenntnis, dass Sie nun ganz allein vor versammelter Mannschaft stehen, wirken zusätzlich belastend. Einige Redner haben daraufhin Schwierigkeiten, überhaupt in den Vortrag einzusteigen. Ihnen fehlt eine sinnvolle Einleitungssequenz, um in Schwung zu kommen. Andere wiederum brechen nach ein bis zwei Minuten unvermittelt ein. Der Grund dafür ist meistens, dass sie den ohnehin vorhandenen Stress noch durch körperliche Verspannungen verstärkt haben, sodass sie nach einer kurzen Redezeit nicht mehr im Vortrag weiterkommen. Plötzlich herrscht große Formulierungsleere im Gehirn, Panik keimt auf.

Bewegung tut gut Eine Möglichkeit, den notwendigen Schwung für den Vortrag zu gewinnen, ist ein möglichst frühzeitiger Medieneinsatz. Dabei gilt: Je mehr Bewegung erforderlich ist, desto größer sind die Stress abbauenden Wirkungen. Nur den Enterknopf des Laptops zu drücken, baut keinen Stress ab. Auch das Auflegen von Folien dämmt die Adrenalinausschüttung noch nicht optimal ein. Der Einsatz des Flipcharts oder eines Whiteboards ist viel sinnvoller, um der Stressfalle zu entgehen. Sie müssen ein paar Schritte auf das Flipchart zugehen, einen Stift ergreifen, konzentriert schreiben, sich immer wieder zum Publikum herumdrehen und eventuell sogar die Flipchartbögen umblättern. Wenn Sie dann wieder zurück in die Mitte Ihrer Rednerbühne gehen, ist die Gefahr, dass Sie vor den Blicken des Publikums »einfrieren«, schon fast gebannt.

Damit Sie den Schwung des guten Startes weiter nutzen können, müssen Sie darauf achten, sich nicht selbst im Vortrag unter Druck zu setzen. Umklammern Sie weder Stifte noch das Rednerpult, ballen Sie keine Fäuste, kneten Sie nicht an Ihren Fingern herum und verschränken Sie nicht die Arme. Auch wenn es Ihnen nicht bewusst ist: Zwischen Gehirn und Körper gibt es einen Feedback-Mechanismus. Spannen Sie Teile der Muskulatur unnötig stark an, wird Ihr Gehirn vermuten, dass Sie sich auf eine Kampf- oder Fluchtsituation vorbereiten, und vermehrt Stresshormone ausschütten. Daraufhin wird Ihre Verspannung noch weiter zunehmen. Da Sie nicht tatsächlich flüchten oder kämpfen können, führt dies wiederum zu einer Erhöhung des Adrenalinspiegels. Und so geht es weiter, bis Sie mitten in einem Blackout stecken.

Nutzen Sie den Schwung eines guten Starts

Nehmen Sie bewusst den Druck von sich, indem Sie lernen, Verspannungen zu vermeiden. Verschränken Sie Arme und Hände nicht ineinander, und halten Sie sich nicht an Bühnengegenständen fest. Lösen Sie die Anspannung durch sparsame Bewegungen auf. Häufig genügt es, wenn Sie ab und zu vom Overheadprojektor oder Laptop zum Flipchart und zurück gehen.

Eine weitere kritische Phase, in der Blackouts bevorzugt auftreten, liegt um die Vortragsmitte herum. Erstaunlicherweise geraten viele Rednerinnen und Redner gerade dann aus dem Tritt, wenn sie eigentlich schon Bergfest feiern könnten. Es erscheint so, als wären sie überrascht davon, dass der Vortrag glatt läuft, und Sie es sich selbst nicht gestatten würden, ihn bis zum Schluss locker über die Bühne zu bringen. Im ersten Teil ihres Vortrages hatten sie sich auf ihre Rede konzentriert, nun stellen sie sich selbstkritische Fragen. Plötzlich kommen Gedanken auf wie »Schaffe ich es überhaupt, meine Zeit einzu-

Erschrocken vom eigenen Erfolg

halten?«, »Gucken die Zuhörer nicht etwas gelangweilt?«, »Bin

Überlisten
Sie sich ich vom Thema abgeschweift?« oder »Wann wird der erste kritische Zwischenruf kommen?«. Diese Grübelphase lässt den Stresspegel schlagartig ansteigen. Redner, die jetzt ins Schwimmen geraten, verlieren schnell den Boden unter den Füßen und können ihren Blackout durchaus an dieser Stelle erleben.

Zwischenzusammenfassungen sind das Mittel erster Wahl, um einen Blackout zu vermeiden, wenn der Vortrag plötzlich ins Stolpern gerät. Eine Aufzählung der bisher besprochenen Punkte und ein kurzer Ausblick auf das Restprogramm bringen Sie wieder in den Vortrag zurück und lassen Sie erneut durchstarten. Ohne eine Visualisierung Ihrer Vortragsinhalte dürfte es Ihnen aber schwer fallen, die Zusammenfassung aus dem Ärmel zu schütteln. So wird ein weiteres Mal deutlich, wie wichtig Visualisierungen sind, um das Reptilienhirn zu überlisten. Medien verankern nicht nur Vortragsinhalte besser im Gedächtnis Ihrer Zuhörer. Sie helfen auch sich selbst, indem Sie sich Bildmaterial zur Verfügung stellen, an dem Sie sich unter Stress orientieren können. Füttern Sie Ihr Reptilienhirn mit Bildmaterial, um es zu besänftigen und es zu Ihrem Freund zu machen. Auf diese

Die Dressur
des Reptilien-
hirns Weise beruhigen Sie es, und es wird nicht mehr durch Blackouts auf sich aufmerksam machen müssen. Mit der Zeit wird es Ihnen gelingen, Ihr Reptilienhirn so zu dressieren, dass es auch in schwierigen Vortragsphasen ein verlässlicher Partner sein wird.

Die Angst, die keine ist

Wer schon einmal vor ein Publikum getreten ist, weiß, dass die Redeaufregung sich auch körperlich bemerkbar macht. Die meisten Redner scheint es förmlich zu schütteln. Auf einmal treten körperliche Reaktionen auf, die nicht beherrschbar erscheinen. Vielen Vortragenden sieht man an, dass sie mit ihrer Aufregung kämpfen und es schwer haben, überhaupt richtig in die Rede einzusteigen. Schlimm genug, dass man sich einem Publikum stellen muss, nun muss man auch noch den Kampf gegen sich selbst ausfechten.

Nicht nur unmittelbar vor und direkt im Vortrag stehen sich viele Rednerinnen und Redner selbst im Weg. Allein der bloße Gedanke daran, einen Vortrag halten zu müssen, versetzt viele Menschen in Angst und Schrecken. Schon in der Vorbereitungszeit kann die Anspannung dann so groß werden, dass die Bewältigung der Herausforderung Redeauftritt schier unmöglich erscheint. Was aber stürzt Menschen derart in Furcht und Verzweiflung, dass ihnen ein Vortrag wie ein Gang durchs Fegefeuer erscheint?

Vorträge: ein Vorgeschmack auf die Hölle?

Fehlzuschreibungen

In unseren Seminaren lassen wir die Teilnehmerinnen und Teilnehmer zunächst beschreiben, was sie überhaupt an körperlichen Reaktionen wahrnehmen, wenn sie an Vorträge denken. Es ist spannend festzustellen, dass es nur den wenigsten gelingt, ihre Empfindungen wertfrei zu beschreiben. Am häufigsten hören wir »Ich bekomme Panik«, »Ich fühle mich blockiert«, »Ich werde ganz unsicher«. Dass diese Aussagen keine körperlichen Empfindungen beschreiben, sondern bereits deren Wertungen sind, fällt den Teilnehmern gar nicht auf. Diese zunächst etwas spitzfindig erscheinende Differenzierung ist von ganz wesentlicher Bedeutung. Es macht einen großen Unterschied, ob man über die Wahrnehmung körperlicher Reaktionen redet, oder darüber, was diese Reaktionen bedeuten. Etwas zu fühlen ist etwas anderes, als ein bestimmtes Gefühl zu werten. Vereinfacht ausgedrückt: Eine trockene Kehle ist noch lange keine Redehemmung.

Welche körperlichen Reaktionen spüren Sie?

Es ist typisch für alle Menschen, dass körperlichen Reaktionen automatisch bestimmte Bedeutungen zugeschrieben werden. Dies ist schlicht und einfach der Normalfall. Wenn man beispielsweise merkt, dass die Hände zittern, sagt man: »Ich bin nervös.« Oder man stellt fest, dass man eine Nackenverspannung hat, und schließt daraus, dass man überarbeitet und urlaubsreif ist. Psychologen nennen dieses Phänomen Attribuierung. Sie bezeichnen damit die Zuschreibung von spezifischen Emotionen zu unspezifischen, körperlichen Erregungen. Das Spannende an der Attribuierung ist, dass nicht jeder Mensch körperliche Erregungszustände gleich deutet. Individuelle Prägungen in der Kindheit und unterschiedliche Lebenserfahrungen führen dazu, dass Menschen ganz unterschiedliche Schlüsse ziehen. Für den einen ist ein zuckender Fuß Ausdruck der Musikbegeisterung, für den anderen ein nervöser Tick, für Dritte ein Zeichen der Ungeduld.

Körperliche Eindrücke werden falsch gedeutet

Aber auch ein und derselbe Mensch wird den gleichen körperlichen Erregungszustand je nach Situation unterschiedlich bewerten. Wenn Sie sich vor einem Beurteilungsgespräch mit Ihrem Vorgesetzten derart aufgekratzt fühlen, dass Sie nicht schlafen können, werden Sie wahrscheinlich denken, dass Sie ein ungutes Gefühl haben. Können Sie vor einer Ferienreise nicht schlafen, werden Sie eher glauben, dass die Vorfreude die Ursache dafür ist. In diesem Fall wird Sie die entgangene Nachtruhe nicht weiter belasten. Im ersten Fall dagegen werden Sie sich immer weiter in ihre Sorgen hineintreiben. Womöglich werden Sie versuchen, krampfhaft einzuschlafen, um am nächsten Morgen fit zu sein. Da Ihnen dies nicht gelingen dürfte, werden Ihre Sorgen nur noch wachsen, ans Einschlafen ist spätestens dann nicht mehr zu denken. Schließlich erscheinen Sie am nächsten Morgen völlig übermüdet und mit dunklen Schatten unter den Augen vor Ihrem Chef. Gereizt vom Schlafentzug denken Sie dann – hoffentlich ohne es auszusprechen –: »Nun schreib mir schon endlich die schlechte Bewertung in den Personalbogen, damit ich es hinter mir habe.« Leider haben Sie erst zu diesem Zeitpunkt die nötige lockere Einstellung, die Sie am Abend zuvor zum Einschlafen dringend benötigt hätten.

Seien Sie gelassener

Sie sehen an diesem Beispiel, dass Attribuierungen äußerst schädliche Effekte hervorrufen können, wenn sie unreflektiert hingenommen werden. Die Kraft Ihrer Gedanken kann unheilvolle Wirkungen in Ihrem realen Leben entfalten.

Der notwendige Kick

Um dem Phänomen der Fehlattribuierung auf die Schliche zu kommen, lohnt es sich, sich einmal nur die rein körperlichen Reaktionen, die mit Redeauftritten einhergehen, vor Augen zu führen. Was passiert denn tatsächlich, wenn man vor ein Publikum tritt? Die häufigsten Empfindungen, wie sie auch in unseren Seminaren immer wieder genannt werden, sind: weiche Knie, zitternde Gliedmaßen, ein trockener Mund, ein schneller schlagendes Herz, zu Kopf steigendes Blut, beschleunigter Puls, schweißnasse Hände, ein Kloß im Hals, Verspannungen im ganzen Körper, Rauschen in den Ohren.

Was passiert tatsächlich?

Rednerinnen und Redner, die diese physiologischen Auswirkungen bei sich spüren, kommen sich oft vor, als würden sie neben sich stehen. Ihre Bewegungen wirken linkisch. Die Umwelt nehmen sie wie durch einen Filter wahr. Mit bis zum Hals schlagendem Herzen versagt ihnen die trockene Kehle die Gefolgschaft. Wenn sie die ersten Worte sprechen, können sie gar nicht glauben, dass es ihr eigener Mund ist, der Laute von sich gibt. Nicht alle Menschen spüren so geballt die Symptome der Aufregung. Doch fast alle beschreiben sich als sehr unsicher und verspüren des Öfteren in Vorträgen das Bedürfnis, sich am liebsten im Mauseloch verkriechen zu wollen.

Diese körperlichen Reaktionen treten auf

Um die eingespielte Zuschreibung von Angstgefühlen zu den eben beschriebenen körperlichen Empfindungen durchbrechen zu können, müssen Sie sich darüber bewusst werden, dass der körperliche Ausdruck von Aufregung nicht exklusiv Vortragssituationen vorbehalten ist. Auch in anderen Situationen haben Sie manchmal einen Kloß im Hals, stehen neben sich und versuchen mit klopfendem Herzen, Sätze zu formulieren: nämlich dann, wenn Sie verliebt sind und der oder die Angebetete vor Ihnen steht. Ein gewisser Erregungszustand ist also nicht notwendigerweise etwas Schlechtes. Er kann auch ziemlich viel Positives ins Leben bringen.

Akzeptieren Sie Ihre Gefühle

Niemand geht völlig unbeteiligt durch sein Leben, eine gewisse Aufregung gehört dazu. Akzeptieren Sie einfach, dass in manchen Situationen mehr Gefühle im Spiel sind als in anderen. Der Mensch ist nicht nur ein rationales Wesen, die Emotionen lassen sich nicht ausblenden. Der Versuch, alle Gefühle auszublenden, muss scheitern, auf irgendeine Art und Weise brechen sich Emotionen immer Bahn. Deswegen sollten Sie sich von der Vorstellung lösen, dass ein Vortrag dann gut läuft, wenn Sie sich gefühlsmäßig möglichst weit distanzieren. Viele Redner haben in ihrem Hinterkopf ein falsches Ideal. Sie glauben, dass es ihnen gelingen müsste, Vorträge völlig unbeteiligt und ohne Regungen über die Bühne zu bringen. Mit dem Versuch, sich herauszuhalten, werden Sie es allerdings nicht schaffen, einem Thema gerecht zu werden, und auch der Draht zum Publikum wird sich nicht entwickeln. Im Gegenteil, man wird Ihnen Ernsthaftigkeit absprechen und Arroganz nachsagen. Damit hinterlassen Sie genau den negativen persönlichen Eindruck, den Sie eigentlich vermeiden wollten: Aalglatte Redner sind von einer Aura der Gefühlskälte umgeben, die es dem Publikum schwer macht, mit ihnen warm zu werden.

Aufregung ist auch produktiv

Sie werden also immer eine gewisse Aufregung vor Vorträgen verspüren, Sie sollten nur darauf achten, diese produktiv zu nutzen. Wichtig ist zunächst, sich seiner eigenen Zuschreibung von Gefühlen zu körperlichen Reaktionen bewusst zu werden. Sie werden dann merken, dass Sie die gleichen Empfindungen je nach Situation unterschiedlich bewerten. Die negative Bewertung bestimmter Erregungszustände ist keinesfalls schicksalsgegeben. Insbesondere bei Redeauftritten folgt die

Zuschreibung oft gängigen Klischees. Wenn Sie in Ihrem Umfeld ständig Negatives über das Rednerdasein hören, werden Sie sich diese Meinungen zu Eigen machen.

Aufregung kann positiv genutzt werden

Vernehmen Sie – wenn es um das Halten von Vorträgen geht – dauernd Reizworte wie »Schlaflosigkeit«, »Stress«, »Nervenflattern«, »Lampenfieber« oder gar »Panik«, kommen Sie gar nicht mehr auf die Idee, dass Ihre Redeaufregung auch etwas Positives sein könnte. Dabei ist es gar nicht einmal unwahrscheinlich, dass Sie aufgeregt sind, weil Ihnen das Thema am Herzen liegt, Sie Ihr Publikum beeindrucken möchten und Akzeptanz erreichen wollen. In diesem Fall sind die von Ihnen wahrgenommenen körperlichen Reaktionen eher Zeichen von Vorfreude, Mitteilungsdrang und einer gewissen Ungeduld. Sie müssen einen bestimmten Erregungslevel erreichen, damit Sie sich überhaupt für die Aufgabe, einen Vortrag zu halten, motivieren können.

Nachdem Sie Ihre Fehlattribuierungen erkannt haben, ist die Umdeutung von Zuschreibungen der zweite Schritt. Streifen Sie die Belastung ab, die Sie sich mit falschen Deutungen körperlicher Empfindungen auferlegt haben. Lassen Sie sich nicht von negativen Äußerungen über das Dasein als Vortragender ins Bockshorn jagen. Erkennen Sie, dass Ihnen Ihre Vorträge am Herzen liegen und es Ihnen ein Bedürfnis ist, andere Menschen von Ihrer Meinung zu überzeugen. So verändern Sie Ihren Fokus und werden nicht mehr ständig auf der Suche nach Redeblockaden sein, sondern stattdessen die eigene Motivation aufbauen können.

Nervös, da Ihnen das Thema wichtig ist

Es führt nicht weiter, in den eigenen Ängsten zu verharren. Wer den Kopf in den Sand steckt, hat schnell Sand im Redegetriebe. Natürlich sind Weiterentwicklung und persönliches Wachstum durchaus mit Anstrengung verbunden. Mit jeder bewältigten Aufgabe steigt aber Ihr Wissen dahin gehend, das eigene Leben positiv beeinflussen zu können. Ihr Selbstbewusstsein wächst, und nicht nur Redeauftritte, sondern auch andere Herausforderungen verlieren ihren Schrecken. Verschwenden Sie die Kraft Ihrer Gedanken nicht an Vortragsblockaden. Nutzen Sie Ihr Energiepotenzial, um sich den Kick für Ihre Vorträge zu holen. Lenken Sie Ihre Aufregung in positive Bahnen. Statt Redeängsten hinterherzuspüren, sollten Sie Ihre Redeerregung lieber als Ansporn verstehen.

Raus aus den Ängsten!

Sieben Redeängste
und was Sie dagegen tun können

Im Blick

- Viele Redner fühlen sich als Opfer, wenn sie dazu verdonnert werden, eine Rede zu halten. Wer die Verpflichtung, einen Vortrag zu halten, als Strafe ansieht, wird keine positive Einstellung entwickeln können.

- Die Angst vor dem Unbekannten wird durch unzählige Gruselgeschichten über Redeauftritte geschürt. Es fällt nicht leicht, sich dem Klischee des »Horrortrips« Rede zu entziehen.

- Rhetorisches Geschick fällt nicht vom Himmel. Vortragstechniken müssen ebenso erlernt werden wie das Schwimmen oder Radfahren. Erst nachdem Sie sich die Grundlagen angeeignet haben, können Sie freier agieren.

- Perfektionismus führt in die Sackgasse. Wer stets professionelle Redner als Maßstab für die eigenen Fähigkeiten wählt, wird an seinen überhöhten Ansprüchen scheitern.

- Jeder kann Reden lernen. Ein besonderes Naturtalent ist keine Voraussetzung für souveräne Auftritte.

- Verschaffen Sie sich Möglichkeiten zur Erfolgskontrolle. Untergliedern Sie Ihre Entwicklung zum guten Redner in kleine Schritte. Jeder bewältigte Schritt wird Ihr Selbstbewusstsein stärken.

- Die Angst vor dem Publikum belastet viele Rednerinnen und Redner und treibt sie in eine aggressive Vorwärtsverteidigung oder lähmende Unsicherheit hinein.

- Sie haben es selbst in der Hand, das Publikum für sich einzunehmen. Begreifen Sie es als Partner, der sich gemeinsam mit Ihnen ein Thema erschließen will.
- Schwierigkeiten bei der Aufbereitung des Themas lassen Vortragende oft in Entschuldigungen oder unverständliches Fachchinesisch flüchten.
- Behalten Sie die Informationsbedürfnisse und -kapazitäten Ihrer Zuhörer im Blick. Stellen Sie heraus, was das Publikum von Ihren Ausführungen hat.
- Als Redner tragen Sie eine Verantwortung, der Sie nicht entfliehen können. Lassen Sie sich im Vortrag das Heft nicht aus der Hand nehmen.
- Achten Sie darauf, dass einzelne Zuhörer sich nicht so weit in den Vordergrund drängen, dass das Thema und die Ansprüche der schweigsamen Mehrheit auf der Strecke bleiben.
- Der Super-GAU im Vortrag ist der Blackout. Wird der empfundene Stress zu stark, kann es sein, dass der Redner den Faden verliert und nicht mehr weiter weiß.
- Sie vermeiden Blackouts, wenn Sie das dafür verantwortliche Reptilienhirn zu Ihrem Freund machen: Arbeiten Sie mit Visualisierungen, achten Sie schon in der Vorbereitungsphase auf die grafische Darstellung von Vortragsinhalten. Bauen Sie im Vortrag durch Bewegung auf der Bühne aktiv Stress ab.
- Sie brauchen ein gewisses Anspannungsniveau, um neue Aufgaben überhaupt in Angriff nehmen zu können. Dies ist an sich kein Problem. Problematisch wird es, wenn Erregungszuständen Angstgefühle zugeschrieben werden.
- Viele Menschen neigen bei Redeauftritten zur Fehlattribuierung körperlicher Signale. Erregungszustände werden als Angst gedeutet, statt sie als den notwendigen Kick für die Rede anzusehen.

3

Persönlichkeitsentwicklung: Wege aus der Angst

Viele Menschen werden von Ängsten geplagt. Auch die Redeangst gehört mit zu den am häufigsten anzutreffenden Phobien. Manche Menschen schaffen es leichter, einen Ausweg aus ihren Ängsten zu finden, als andere. Wie lässt sich ein Veränderungsprozess wirksam in Gang setzen?

Auch wenn es zunächst so aussieht, als sei es der einfachere Weg, sich mit seinen Ängsten zu arrangieren, wird sich diese Verdrängungsstrategie für Sie nicht lohnen. Ein Vermeidungs-

Verdrängungen sind kein Ausweg verhalten schafft die Probleme nicht aus der Welt. Im Gegenteil, in den ungünstigsten Momenten werden Ihre Ängste aufflackern und Sie aus dem Gleichgewicht bringen. Zuerst geht es darum zu akzeptieren, dass Redeauftritte nicht nur für Sie, sondern für die meisten Menschen mit Unsicherheit und Lampenfieber behaftet sind. Danach sollten Sie sich aber auf den Weg der Veränderung begeben. Stellen Sie sich Ihren Ängsten, akzeptieren Sie, dass ein gewisses Anspannungsniveau bei Vorträgen dazugehört. Bevor wir Ihnen erklären, wie Sie Ihre negativen Emotionen in produktive Bahnen lenken können, gehen wir auf den Veränderungsprozess ein, mit dem Sie Ihren Redeängsten begegnen können. Setzen Sie sich damit auseinander, wie sich der Wandel gestalten lässt. Verharren Sie nicht in der Angst, geben Sie sich eine Chance zur Weiterentwicklung.

In der Angst verharren?

Es nützt nichts, fortdauernd Ängste zu thematisieren. Menschen, die in ihren Ängsten verharren, kommen nicht weiter. Bei Redeängsten besteht das Problem, dass negative Aussagen über Redeauftritte gängig sind, es also leicht fällt, in das Klagelied der anderen einzustimmen. Darüber werden leider oft die eigenen Handlungsmöglichkeiten vergessen.

Natürlich ist Ursachenforschung in Sachen Redeangst nötig, schließlich geht es darum herauszufinden, was einen eigentlich belastet. Wie Sie im Kapitel *Sieben Redeängste und was Sie dagegen tun können* erfahren haben, können die Belastungsfaktoren von Mensch zu Mensch unterschiedlich sein. Es ist daher wenig sinnvoll, allgemein gehaltene Maßnahmen gegen Ängste einzuleiten, um sich bei Vorträgen besser zu fühlen. Viele Hinweise zur inneren Vorbereitung auf Redesituationen liefern durchaus interessante Anregungen, werden Ihnen aber nicht dabei helfen, Vorträge unbelasteter zu überstehen. Es macht durchaus Sinn, sich vernünftig zu ernähren, sich ausreichend Schlaf zu gönnen und Entspannungstechniken einzuüben. Ihre allgemeine Lebensqualität dürfte dadurch steigen, aber Ihre Redeauftritte werden dadurch nicht ihren Schrecken verlieren. Ein Vorgehen, das wirklich bei Redeängsten greift, ist ein Verhaltenstraining. Kurz gesagt: Reden lernt man durch Reden. Natürlich nur, wenn dies unter professioneller Anleitung geschieht.

So verlieren Ihre Redeängste ihren Schrecken

Auch bei der Behandlung krankhafter Phobien hat sich die Überlegenheit der Verhaltenstherapie herauskristallisiert. Die Angst vor Spinnen wird beispielsweise dadurch bekämpft, dass man den Klienten immer näher an eine real existierende und zumeist ziemlich große Spinne heranführt. Begonnen wird mit Zeichnungen von Spinnen, dann folgen Fotos, danach muss sich der Patient winzigen Spinnen stellen. Zuerst sind diese noch in einem Glaskasten eingeschlossen, dann wird der Deckel geöffnet. Schließlich krabbelt die Spinne auf dem Tisch,

Die Erkenntnisse der Verhaltenstherapie

an dem der Patient in gebührendem Abstand sitzt. Nach und nach werden die Spinnen immer größer und der Abstand zu den Spinnen immer geringer. Der Patient gewöhnt sich an das ihm vor noch nicht allzu langer Zeit verhasste Krabbeltier. Letztendlich gelingt es ihm dann sogar, Spinnen anzufassen.

Ängste lassen sich bewältigen

Ängste lassen sich bewältigen. Eine gewisse Bereitschaft zur Konfrontation mit den Angst auslösenden Situationen muss aber vorhanden sein. Schritt für Schritt lässt sich dann eine Gewöhnung an die bislang furchterregende Situation erreichen. Dies gilt für die Angst vor Spinnen genauso wie für die Flugangst, die Höhenangst, die Angst in engen Räumen und natürlich auch für die Redeangst. Wer sich seinen Ängsten erfolgreich gestellt hat, wird die hinter ihm liegenden Panikattacken nachträglich oft mit einem Kopfschütteln kommentieren.

Sich in den Ängsten zu vergraben, statt sich aktiv um deren Auflösung zu bemühen, ist der falsche Weg. Wer ständig Ängste analysiert und die Ängste, die zu den Ängsten geführt haben, sucht, nur um Angst auslösenden Erlebnissen nachzuspüren, wird vor lauter Angst nicht mehr handlungsfähig sein. Auch die Flucht aus der Realität ist wenig wirkungsvoll. Zurückgekehrt aus der Fantasiereise, sieht man sich plötzlich mit den Forderungen der realen Welt konfrontiert und muss feststellen, dass man sie immer noch nicht im Griff hat. Das ist schade,

Entwicklung kann Spaß machen

denn es gibt Möglichkeiten, angemessener mit sich und den Herausforderungen des Lebens umzugehen. Persönlichkeitsentwicklung kann Spaß machen. Mit ein wenig Unterstützung lassen sich Veränderungsprozesse einleiten, die das Leben einfacher und lebenswerter machen.

Entwickeln Sie Ihre Persönlichkeit

Persönlichkeit ist ein schillernder Begriff, hinter dem sich viele Erwartungen, Wünsche und Träume verbergen. Jeder ist auf der Suche nach dem eigenen Selbst und fragt sich: »Was steckt in mir? Wie lebe ich im Einklang mit meinen Sehnsüchten? Welche Möglichkeiten stehen mir offen?« Verbunden mit diesen Fragen ist immer die Hoffnung, jenen Weg durchs Leben zu finden, der am besten zu einem passt. Falsch wäre es, Persönlichkeit als ein für immer und ewig festgeschriebenes Schicksal zu betrachten. Menschen verändern sich und reifen an den Erfahrungen, die sie machen.

Was ist Persönlichkeit?

Die moderne Persönlichkeitspsychologie geht daher nicht mehr von einem festen Persönlichkeitsbegriff aus. Sie sieht Persönlichkeit vielmehr als die Summe der Einstellungen, die Menschen ihrer Umwelt gegenüber haben. Diese Einstellungen eines Menschen zu Dingen, Personen und Ideen variieren im Laufe seines Lebens.

Angst vor Kunden

Beispiel

Eine Vertriebsmitarbeiterin im Innendienst hatte sich stets als zu schüchtern eingeschätzt, um im Außendienst tätig zu werden oder auch nur Aufgaben in der Kundenberatung zu übernehmen. Ihre Schüchternheit stand ihr des Öfteren im Weg. Sie selbst schätzte sich als zurückhaltenden und eher ängstlichen Typ ein.

Im Laufe ihrer Berufstätigkeit wuchs sie allmählich in Beratungsaufgaben hinein. Nachdem sie sich erste Hilfestellungen bei erfahrenen Kollegen aus dem Außendienst geholt hatte, machte sie sich auf die Suche nach Informationen zur Gestaltung von Kundenkontakten. Im Lauf der Zeit wuchs ihr der direkte Draht zum Kunden ans Herz. Sie freute sich darauf, sich von Zeit zu Zeit beim Kunden zu melden, um neue Produkte vorzustellen. Bei einem Beurteilungsgespräch war sie erstaunt, dass ihr Abteilungsleiter sie inzwischen als kontaktfreudig, sicher im Umgang mit Kunden und gesprächsgewandt einschätzte.

Die Zufriedenheit mit der persönlichen Lebenssituation hat viel mit Selbstverwirklichung zu tun. Menschen, die das Gefühl haben, ihre Lebenssituation nach ihren Wünschen gestalten zu können, sind zufriedener und lebensbejahender als diejenigen, die nur wenig Einflussmöglichkeiten sehen. Wer sich immer wieder neue Ziele steckt und konsequent daran arbeitet, diese auch zu erreichen, lernt, dass er sein eigenes Schicksal beeinflussen kann.

Steigern Sie Ihr Selbst-wertgefühl Auch Ihr Selbstwertgefühl hängt stark davon ab, welche Gestaltungsmöglichkeiten Sie in sozialen Situationen haben. Sehen Sie keine Möglichkeit, die Situation am Arbeitsplatz in Ihrem Sinne zu beeinflussen, sinkt Ihr Selbstwertgefühl. Sie werden unsicher, geraten vermehrt unter Stress und nehmen negative Ausstrahlungswirkungen auf das Privatleben hin. Je stärker Ihnen bewusst wird, dass Sie auf berufliche Situationen Einfluss nehmen können, desto mehr Sicherheit gewinnen Sie. Persönlichkeitsentwicklung sollte deshalb für Sie bedeuten, mit neuen Verhaltensalternativen bewusst Einfluss auf den Berufsalltag nehmen zu können. Sie brauchen kein völlig anderer Mensch zu werden, wenn Sie mehr Zufriedenheit für Ihr Leben gewinnen wollen. Beginnen Sie sich weiterzuentwickeln, indem Sie ausgewählte berufliche Situationen angehen. Schärfen Sie Ihre Beobachtungsgabe, um herauszufinden, was um Sie herum abläuft. Erweitern Sie Ihre Handlungsmöglichkeiten, indem Sie neue Verhaltensstrategien ausprobieren.

Der Zahlenmensch

Beispiel

Ein Buchhalter war in seiner Firma unter anderem für die Buchung von Spesen und Reisekosten der Mitarbeiter und Führungskräfte zuständig. Immer wieder gab es Streit, da Spesen ohne Belege abgerechnet werden sollten. Regelmäßig fehlten einzelnen Mitarbeitern Quittungen für ihre Ausgaben. Der Buchhalter fühlte sich sehr unangenehm in der Rolle, fehlende Belege einfordern zu müssen. Er hatte den Eindruck, dass die gesamte Belegschaft ihn als Erbsenzähler betrachtete. Darunter litt er, da er sich stets darum bemüht hatte, nicht dem Klischee des Ärmelschoner-tragenden Buchhalters zu entsprechen.

Das Dilemma, in dem er steckte, konnte er auflösen. Statt den einzelnen Mitarbeitern DIN-A4-Bögen auszuhändigen, auf denen die korrekte Abrechnung von Reisekosten beschrieben war, entwickelte er Checklisten im Visitenkartenformat. Diese Karten wurden zum ständigen Begleiter der Mitarbeiter und nicht mehr wie die großen Bögen zu Hause vergessen. Statt Belegen hinterherzulaufen, konnte der Buchhalter nun auf die kleine Gedächtnisstütze hinweisen. Sein Image in der Firma wandelte sich zum Besseren.

Persönlichkeit ist kein starres Verhaltensmuster. Berauben Sie sich nicht der Chance, flexibel auf die Anforderungen der Umwelt reagieren zu können. Probieren Sie die von uns vorgestellten Strategien aus. Wenn Sie mit dem Ergebnis zufrieden sind, sollten Sie die in diesem Buch vorgestellten, neuen Möglichkeiten in Ihr Verhaltensrepertoire aufnehmen. So gewinnen Sie mehr Freiheit in Ihren Reaktionen und können in Zukunft besser auf die Erfordernisse der Situation eingehen. Dies wird Ihnen helfen, besser im Einklang mit den eigenen Bedürfnissen zu leben. Wenn Sie wissen, wie Sie soziale Situationen beeinflussen können, wird es Ihnen viel leichter fallen, eigene Wünsche zu verwirklichen und einen Ihrer Persönlichkeit angemessenen Arbeitsstil zu verfolgen.

Probieren Sie verschiedene Strategien aus

So kommen Sie weiter

Ihre Persönlichkeitsentwicklung sollte für Sie nicht bedeuten, unrealistischen Wunschbildern nachzujagen, nur um sich immer wieder vor Augen zu führen, dass Sie es nicht schaffen werden, diese einzuholen. Eine Politik der kleinen Schritte ist das wirksamste Mittel, um Fortschritte im Umgang mit privaten und beruflichen Herausforderungen zu erreichen. Die Vorstellung, durch eine umfangreiche Analyse von Ängsten plötzlich den entscheidenden Aha-Effekt hervorrufen zu können, der alle Lasten – am besten über Nacht – von einem abfallen lässt, hat natürlich etwas Verführerisches. Auf der Suche nach dem Stein der Weisen oder dem Heiligen Gral der Erkenntnis sind aber schon Heerscharen von Wundergläubigen verschollen. Es gibt keinen Knopf, den Sie einfach drücken können, um plötzlich ein anderer Mensch zu werden.

Gut Ding will Weile haben

Persönliche Weiterentwicklung ist dennoch möglich. Wir wissen aus unseren Coachings und Seminaren, dass es möglich ist, Ängste zu bewältigen. Neben dem festen Willen, sich zu verändern, müssen Sie hierzu den Prozesscharakter von persönlichem Wachstum akzeptieren. Änderungen geschehen nicht »Knall auf Fall«, sondern setzen eine fundierte Analyse der Situation, eine Festlegung von Entwicklungszielen, die Ausarbeitung eines Maßnahmenkataloges, die Bereitschaft zum Üben und Ausprobieren sowie die Überprüfung von Entwicklungsfortschritten voraus. Dies zeigt Übersicht 3.

Die meisten Menschen sehen nur ihre momentane Situation und haben eine Wunschvorstellung im Kopf. Sie versuchen dann immer wieder, auf dem direkten Weg ans Ziel ihrer Träume zu kommen. Dabei scheitern sie jedoch regelmäßig an ihren inneren Widerständen und Ängsten. Statt sich beim gewaltsamen Anrennen gegen Barrieren Verletzungen zu holen, die nur zu weiterem Leid führen, ist es geschickter, die Ängste zu überlisten. Emotionen sind bei Redeauftritten immer mit im Spiel. Statt sich ihnen ausgeliefert zu fühlen und sie als unüberwindbares Hindernis zu empfinden, sollten sie konstruktiv eingesetzt werden, um eine Brücke zum angestrebten Idealzustand zu errichten.

Überlisten Sie Ihre Angst

Ein optimales Vorgehen, um Vorträge angstfrei zu bewältigen, könnte so aussehen: Ausgehend von Ihrer individuellen Situation, machen Sie eine Analyse der von Ihnen empfundenen

Von der Wirklichkeit zur Wunschvorstellung

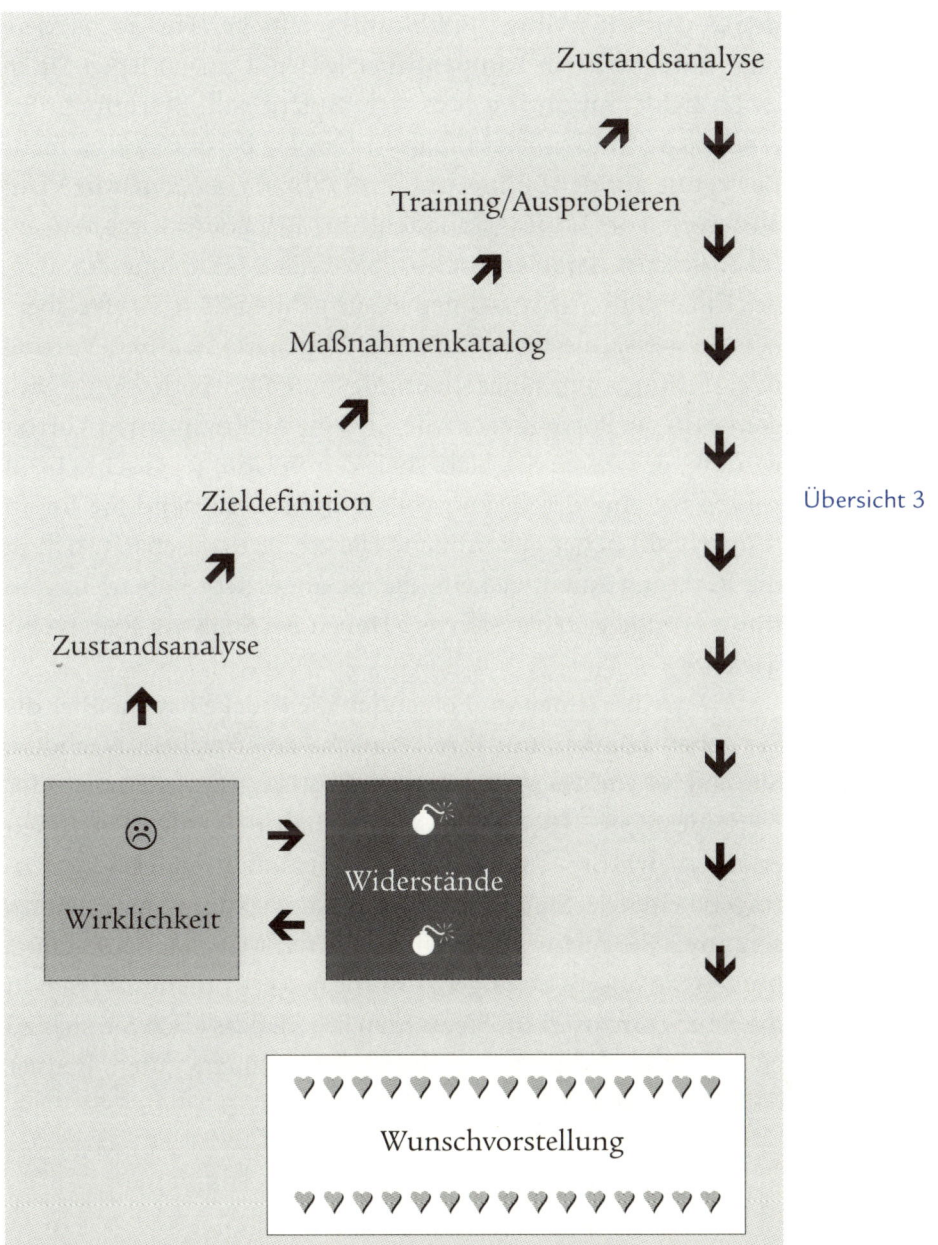

Zustandsanalyse

Training/Ausprobieren

Maßnahmenkatalog

Übersicht 3

Zieldefinition

Zustandsanalyse

Wirklichkeit

Widerstände

Wunschvorstellung

Redeängste. Sie forschen nach, warum Sie überhaupt eine so starke Belastung empfinden, beispielsweise weil Sie befürchten, den Ansprüchen Ihres Publikums nicht gerecht zu werden, oder unter starkem Lampenfieber leiden. Danach legen Sie in einer Zieldefinition fest, was sich ändern soll. Bestimmen Sie erreichbare und überprüfbare Teilziele, beispielsweise mehr Bewegung auf der Bühne, um Stress abzubauen, oder die Visualisierung von Vortragsinhalten, um Blackouts vorzubeugen. Im Anschluss daran entwickeln Sie einen Maßnahmenkatalog, der Ihnen hilft, die von Ihnen ausgewählten Ziele zu erreichen, beispielsweise die Integration des Flipcharts in Ihren Vortrag oder die Einnahme einer spannungsfreien Körperhaltung. Nun geht es in die Praxis. Setzen Sie einzelne Maßnahmen in Vorträgen um, gewinnen Sie Sicherheit durch Übung. Abschließend sollten Sie eine Erfolgskontrolle durchführen. Sind Sie Ihrem Wunschbild näher gekommen? Haben Sie es geschafft, sich in die Richtung zu entwickeln, die Sie angestrebt haben? Laufen Ihre Vorträge jetzt stressfreier? Haben Sie Spaß am Reden entwickelt?

**Bauen Sie
sich eine
Brücke zum
Paradies**

Wir werden Ihnen im Folgenden die Brücke bauen, über die Sie gehen können, um Ihre Wünsche zu erreichen. Nachdem Sie sich im vorherigen Kapitel ausführlich mit der Analyse Ihrer Redeängste auseinander gesetzt haben, werden wir Ihnen erläutern, wie Sie es schaffen, souverän aufzutreten und vorzutragen. Greifen Sie sich einzelne Entwicklungsziele heraus, schnüren Sie mit uns gemeinsam Ihren Maßnahmenkatalog, nutzen Sie unsere Übungen, um Ihr neu erworbenes Wissen in die Praxis umzusetzen. Sie werden sehen, dass auch Sie sich zu einer guten Rednerin beziehungsweise einem guten Redner entwickeln werden.

Persönlichkeitsentwicklung: Wege aus der Angst

Im Blick

- Es ist langfristig die bessere Lösung, sich seinen Ängsten zu stellen, als sich mit ihnen zu arrangieren.
- Bei Redeängsten ist die Versuchung groß, in das allgemeine Gejammer über den Stress bei Vorträgen mit einzustimmen. Darüber werden jedoch eigene Handlungsmöglichkeiten vergessen.
- Bleiben Sie nicht bei der Analyse Ihrer Ängste stehen, bemühen Sie sich aktiv um deren Auflösung.
- Verhaltenstherapie ist der beste Weg, um Redeauftritten ihre Angst auslösende Wirkung zu nehmen.
- Persönlichkeit ist kein auf ewig festgeschriebenes Schicksal. Menschen reifen an den Erfahrungen, die sie machen, und entwickeln sich weiter.
- Die Wissenschaft hat sich von einem festen Persönlichkeitsbegriff gelöst. Sie sieht Persönlichkeit als Summe der Einstellungen, die Menschen zu ihrer Umwelt haben. Diese Einstellungen können sich ändern.
- Wer begreift, dass er seine eigene Lebenssituation aktiv gestalten kann, wird selbstbewusster und angstfreier leben können.
- Persönlichkeitsentwicklung sollte Schritt für Schritt in Angriff genommen werden und auf realistische Ziele hin ausgerichtet sein.
- Wer nur seine momentane Situation und ein abstraktes Wunschbild seiner selbst vor Augen hat, wird immer wieder an Widerständen und Ängsten scheitern.
- Gelungene Veränderungsprozesse verlaufen in dieser Abfolge: Zustandsanalyse, Zieldefinition, Maßnahmenkatalog, Training/Ausprobieren, Erfolgskontrolle.

4

Sympathie:
der Flirt mit dem Publikum

Machen Sie die Zuhörer zu Ihren Verbündeten. Agieren Sie auf der Bühne souverän, stoßen Sie das Publikum nicht vor den Kopf. Ihr Einfühlungsvermögen ist gefragt. Wenn Sie die Bedürfnisse Ihrer Zuhörer erkennen und darauf eingehen können, wird man Ihnen gerne und mit voller Konzentration zuhören. Bringen Sie Farbe in Ihre Vorträge. Zeigen Sie sich von Ihrer charmanten Seite, um die Herzen Ihrer Zuhörer zu gewinnen.

Wichtig ist der Kontakt zu Ihren Zuhörern

Damit Sie bei Ihren Redeauftritten den Kontakt zu Ihren Zuhörern positiver gestalten können, gilt es, sich von der Vorstellung zu verabschieden, dass Sie und das Publikum auf verschiedenen Seiten stehen. Vorträge werden Ihnen nur dann gelingen, wenn Sie es schaffen, eine Brücke ins Publikum zu bauen, um sich und den Zuhörern ein gemeinsames Arbeiten am Thema zu ermöglichen. Das Publikum ist nicht Ihr Feind, gegen den Sie ankämpfen müssen. Es ist allerdings auch nicht automatisch Ihr bester Freund, der unwidersprochen alle Ihre Ausführungen hinnehmen wird. Am besten fahren Sie mit der Einschätzung, dass das Publikum grundsätzlich neutral gestimmt sein wird. Selbst wenn es gelegentlich Tendenzen in eine eher zustimmende oder eher kritische Grundhaltung gibt, liegt es an Ihnen, die Beziehung zu den Zuhörern zu gestalten. Ihr Umgang mit dem Publikum ist entscheidend dafür, ob es Ihnen ablehnend oder wohlwollend gegenübersitzen wird.

Viele Rednerinnen und Redner sind sich ihrer eigenen Ausstrahlung auf der Bühne nicht bewusst. Besonders unter dem

Stress, der ihnen gerade am Anfang eines Vortrages stark zu schaffen macht, reagieren sie oft anders als in gewohnten Gesprächssituationen. Sowohl mit den falschen Worten als auch mit einer unpassenden Körpersprache kann das Publikum unabsichtlich vor den Kopf gestoßen werden. Es ist immer wieder interessant zu beobachten, wie das anfänglich in der Zuhörerschaft bestehende Interesse am Vortragsthema abflaut, wenn der Vortragende nicht in der Lage ist, den Draht zum Publikum zu finden. Manchmal schaffen es Redner sogar, das Publikum mit unbedachten Äußerungen gegen sich aufzubringen.

Werden Sie sich Ihrer Ausstrahlung bewusst

Stoßen Sie Ihr Publikum nicht vor den Kopf

Ein Grundproblem beim Umgang mit dem Publikum liegt darin, dass es oft als Blitzableiter für eigene Ängste und Verspannungen herhalten muss. Mit dem Betreten der Rednerbühne steigt der Adrenalinspiegel des Redners schlagartig an. Stressreaktionen bahnen sich ihren Weg. Damit erscheint das Publikum plötzlich als feindliche Horde, der man allein und schutzlos gegenübertritt.

Da sich nur die wenigsten Vortragenden im Vorfeld mit der Redeerregung und ihren Folgen konstruktiv auseinander gesetzt haben, trifft sie regelmäßig die Stresskeule, sie werden »kalt erwischt«. Eine Flucht von der Bühne ist ausgeschlossen, aber irgendwie muss der Stress ja abgeleitet werden. Für einige Redner ist es der einfachste Ausweg, den selbst empfundenen Druck auf das Publikum umzuleiten. Immer wieder kann man Rednerinnen und Redner beobachten, die versuchen ihr eigenes Unwohlsein dadurch einzudämmen, dass sie das Publikum mit Vorwürfen konfrontieren, mit Fachkauderwelsch überschütten oder mit körpersprachlichen Angriffssignalen bombardieren. Andere Redner nehmen sich nicht das Publikum vor, sondern reagieren eher autoaggressiv. Sie richten den von

Der Schlag mit der Stresskeule

ihnen wahrgenommenen Druck gegen sich selbst und bringen so ihre Rednerautorität erst ins Wanken und dann zum Einsturz.

Den Druck aufs Publikum ableiten

Wenn Redner das Publikum oder einzelne Zuhörer angreifen, ist sehr klar ersichtlich, dass sie Druck auf die Zuhörerschaft ausüben und damit sich selbst entlasten wollen. Weniger offensichtlich ist es, wenn Vortragende zu subtileren Mitteln der Druckableitung greifen. Dabei kommt es recht häufig vor, dass **Blitzableiter** Redner, die es nicht gelernt haben, mit dem Stress der Auf- **Publikum** trittssituation umzugehen, dem Publikum den Schwarzen Peter zuschieben. Am häufigsten kommt es vor, dass Fachchinesisch eingesetzt wird, um das Publikum zu überfordern; mit ausdauernder Sturheit werden die Bedürfnisse der Zuhörer übersehen, Anregungen und Wünsche aus dem Publikum mit Unflexibilität gekontert und Angriffs- und Unsicherheitsgesten ins Publikum gerichtet.

Fehler »Fachchinesisch« Angstredner treten oft die Flucht nach vorne an und überfordern ihre Zuhörer mit komplizierten Ausführungen und unverständlichem Spezialistenvokabular. Natürlich ist es bei Redeauftritten notwendig, die eigene Kompetenz herauszustellen. Dazu darf man durchaus sein Fachwissen aufblitzen lassen. Problematisch wird es aber dann, **Fachwissen** wenn Vortragende sich durch den Stress, den sie empfinden, **in Maßen** dazu verleiten lassen, in die Rolle des unverstandenen Genies zu flüchten. Kein Publikum lässt sich gern zum Idioten stempeln. Wenn die Vortragsinhalte nicht bei den Zuhörern ankommen, liegt es nicht an deren Begriffsstutzigkeit. Die Schuld trägt der Redner, der seine Ausführungen nicht auf das Vorwissen des Auditoriums abgestimmt hat.

Ein Bildungsexperte oder Einbildungs-Experte?

Beispiel

Negativ-
beispiel

»Meine Damen und Herren, wie Sie sicherlich wissen, korreliert das Ob-
soleszenztempo von Bildungsinhalten positiv mit ihrer Praxisnähe und
negativ mit ihrem Abstraktionsniveau. Natürlich gilt es, die Validität der
von mir vorzubringenden Studien an zweifelsfrei gültigen Außenkrite-
rien zu messen. Psychologische Konstrukte bedürfen der externen Validität, um intersubjektiv nachvollziehbar und als prognostischer Prädika-
tor aufgefasst werden zu können.«

Fehler »Unsensibilität« Verstimmt reagiert ein Publikum
auch dann, wenn der Vortragende sich als Einpeitscher für Vortragsinhalte betätigt und sein Programm ohne Rücksicht auf
Verluste durchzieht. Diese Art der negativen Stressbewältigung
findet sich oft bei Rednern, die ihren Vortrag zu 95 Prozent mit
Overheadfolien oder Beamerprojektionen ausfüllen. Der be-
rüchtigte »Foliendurchreißer« ist in letzter Zeit durch den
»Präsentationsdurchknipser« abgelöst worden. Die subjektive
Überforderung, die der Redner bei seinem Auftritt spürt, setzt
er in eine objektive Überforderung des Publikums um. Innerhalb kürzester Zeit werden dem Publikum unverdauliche Men-
gen von Informationen an den Kopf geworfen, dem es dann
selbst überlassen bleibt, einen Sinn hinter dem Datenwust zu
erkennen. Interessanterweise machen Redner, die diese Form
der Druckableitung verwenden, nach ihren Vorträgen dem Publikum oft einen Vorwurf. Sie bemängeln, dass die Zuhörer
nicht aufmerksam gewesen seien und dass sie sich den referier-
ten Inhalten verweigert hätten. Dabei begehen diese Redner einen Ursache-Wirkung-Irrtum: Hätten sie die Inhalte so sorgfältig vorgetragen, wie sie die anschließenden Schuldzuweisungen
konstruieren, wäre ihrem Publikum einiges erspart geblieben.

**Tragen Sie
die Inhalte
sorgfältig vor**

Daten-Overkill

»Einsteigen in meinen fünfzehnminütigen Vortrag möchte ich mit Folie A. Sie sehen, wie kompliziert der Vortragsstoff ist. Ein kurzer Blick muss genügen, kommen wir nun zu Folie B, die ich im Weiteren untergliedern werde in die Folien B 1 bis B 29. Im Anschluss werden wir uns mit den Folien C 1 bis C 15 beschäftigen müssen. Wenn uns dann noch Zeit bleibt, werde ich Ihnen auch noch kurz die Folien D 1 bis D 47 präsentieren.«

Fehler »Unflexibilität« Einige Redner klammern sich so voller Angst an ihr Redeschema, dass sie wie mit Scheuklappen operieren. Alles, was nicht in ihrem Vortragskonzept steht, wird von ihnen geflissentlich übersehen – seien es die von der Sonne geblendeten Zuhörer, welche die projizierten Folien nicht erkennen können, seien es das um Sauerstoff bettelnde Publikum oder die der Verzweiflung nahen Raucher in der Zuhörerschaft, die dringend eine Zigarettenpause brauchen. Verwundert stellen diese unflexiblen Redner immer wieder fest, dass das Publikum ihnen nach einiger Zeit die Gefolgschaft aufkündigt und den Vortrag Vortrag sein lässt.

Dabei gibt es Rückmeldemechanismen, die darauf aufmerksam machen, dass die Zuhörerschaft dem Vortrag nicht mehr folgen kann: Das Gemurmel im Auditorium wird immer lauter, es herrscht ständige Unruhe, einzelne Zuhörer verlassen den Raum, andere tippen auf ihren Notebooks herum oder studieren mitgebrachte Unterlagen. Wer nicht auf diese Störungen eingeht, macht nicht nur sich selber das Rednerleben schwer. Er verhindert auch, dass das Publikum weiterhin dem Vortrag folgen kann. Hier haben wir eine sehr subtile Form der Druckableitung ans Publikum: Der unter Stress stehende Redner versucht sich dadurch zu retten, dass er sich an ein starres Konzept klammert und die Zuhörer links liegen lässt. Solche Redner stört der »Faktor Mensch« bei der Informationsvermittlung.

Störungen haben Mitteilungs- charakter

Viel lieber als vor einem Publikum würden sie ihre Informationen auf technischem Wege weitergeben und Skripte aushändigen oder Redeprotokolle ins Internet stellen.

Vor-Lesung

Beispiel

Ein Prototyp des unflexiblen Redners ist der Vorleser. Er betritt die Bühne mit gesenktem Haupt, sortiert schweigend seine Unterlagen, blinzelt kurz ins Publikum, um dann seinen 45-minütigen Vortrag vom Blatt abzulesen. Bei Nachfragen wiederholt er wortwörtlich die bereits von ihm vorgelesenen Textpassagen. Ausführungen, die nicht in seinem Manuskript stehen, sind ihm nicht zu entlocken. Bedürfnisse des Publikums ignoriert er ebenso wie Mikrofonrückkoppelungen, unscharfe Projektionen und zu gleißende oder zu dunkle Raumbeleuchtung. Nachdem er das letzte Wort ausgesprochen hat, verlässt er fluchtartig das Podium.

Negativ-
beispiel

Fehler »körpersprachliche Kampfsignale« Schlimm genug, wenn Referenten ihr Publikum mit einer unverständlichen Fachsprache überschütten, den Vortrag »durchreißen« oder die Bedürfnisse der Zuhörer missachten. Oft werden diese Kardinalfehler auch noch von körpersprachlichen Kampfsignalen begleitet. Wer mit geschultem Blick die Körpersprache von Rednerinnen und Rednern analysiert, wird feststellen, dass dem Publikum häufig nonverbal der Krieg erklärt wird. Selbst wenn die eben genannten anderen Fehler gegenüber den Zuhörern nicht begangen werden, lässt sich aus der Körpersprache doch oft schließen, dass der Vortragende etwas gegen sein Publikum hat.

Setzen Sie Körpersprache gezielt ein

Die Zuhörer bekommen geballte Fäuste gezeigt, ihnen recken sich ausgestreckte Finger entgegen, sie bekommen die Stirn geboten, und ihnen wird mit Stiften oder Zeigestäben gedroht. Auch Zuhörer, die nicht körpersprachlich geschult

sind, deuten diese Signale intuitiv als Einschüchterungsversuche. Sie merken schnell, dass der Redner sie kleinhalten will, da er Auseinandersetzungen befürchtet. Eine kooperative Atmosphäre lässt sich so natürlich nicht herstellen. Entweder nimmt das Publikum die Kampfansage an, oder es lässt die Provokationen an sich abperlen. Damit ist dann leider auch die Gleichgültigkeit gegenüber den Vortragsinhalten verbunden. In jedem Fall isoliert sich der Redner und treibt einen Keil zwischen sich und die Zuhörerschaft. Der Versuch des Vortragenden, den von ihm empfundenen Druck an

Überheblichkeit kommt vor dem Fall

das Publikum weiterzugeben, kann leicht zum Bumerang werden. Bricht erst einmal eine offene Konfrontation aus, beispielsweise indem durch kritische Anmerkungen aus dem Publikum zurückgeschossen wird, stehen die Chancen schlecht, dass der Vortragende die Redeschlacht ohne Blessuren übestehen wird.

Auf dem Hühnerhof

Es gibt Redner, die sich auf der Bühne wie Kampfhähne gebärden. Das Kinn wird mit gerecktem Hals vorgeschoben. Mit in den Hüften gestemmten Armen plustert sich der Gockel auf. Auf den Fußspitzen auf-

Beispiel

und abwippend, will er zum Höhenflug ansetzen. Im Gefühl der Überlegenheit flattert er auf das Publikum zu, um in der Hitze des Gefechtes ganz klein und hilflos zu werden. Negativbeispiel

Den Druck auf sich selbst richten

Der unreflektierte Umgang mit Redeängsten muss nicht immer zum Kampf mit dem Publikum führen. Zurückhaltende Redner leiten den Druck nicht auf ihre Zuhörer um, sondern richten ihn gegen sich selbst. Statt zu explodieren, implodieren sie. Genauso wenig wie sich das Publikum durch feindselige Allmachtsansprüche beeindrucken lässt, wird es Respekt vor Ohnmachtsgefühlen haben. Vortragende, die sich selber infrage stellen und die eigene Kompetenz abwerten, dürfen nicht erwarten, vom Publikum ernst genommen zu werden. Die eigenen Vortragsfähigkeiten können aber nicht nur durch Worte herabgewürdigt werden. Auch die Körpersprache trägt dazu bei, dass Vortragende ihre Rednerautorität entwerten und dem Publikum die eigenen Ausführungen verleiden. **Ohnmachtsgefühle blockieren**

Fehler »Selbstabwertung« Um die als Belastung wahrgenommene Vortragssituation für sich zu entschärfen, greifen viele Vortragende zum Mittel der Selbstabwertung. Sie entschuldigen sich beim Publikum für ihre vermeintlich unzureichende Fachkompetenz, für das spannungslose Thema oder für die unzureichende Aufbereitung des Vortrages. Viele werfen sich zu Beginn vor dem Publikum regelrecht in den Staub, in der irrigen Annahme, dass die feindlich gesinnten Zuhörer noch einmal Gnade vor Recht ergehen lassen. Doch wer sich selbst infrage stellt, erhält von seinen Zuhörern höchstens einen Mitleidsbonus. Auf keinen Fall bekommt er die Aufmerksamkeit und den Respekt, die nötig sind, um dem Publikum einen vorurteilsfreien Blick auf das Thema zu ermöglichen.

Kniefall

»Sie müssen entschuldigen, dass meine Ausführungen nicht ganz Ihren Erwartungen entsprechen werden. Ich bin sehr kurzfristig in das Thema eingestiegen und konnte aufgrund der mangelnden Vorbereitungszeit die Inhalte nur rudimentär erschließen. Leider bin ich kein Fachmann, berücksichtigen Sie dies für den folgenden Vortrag. Ich hoffe, dass Sie trotzdem die eine oder andere Information mitnehmen können.«

Fehler »körpersprachliche Unsicherheitssignale« Eine Vielzahl von Rednerinnen und Rednern kämpft auf der Bühne weniger mit überschießender Angriffslust, sondern mehr mit der eigenen Unsicherheit. Sie würden sich am liebsten vom Publikum fern halten und machen dies auch körpersprachlich deutlich. Daher ist eine große Gruppe der Unsicherheitsgesten dadurch gekennzeichnet, dass versucht wird, Barrieren zum Publikum aufzubauen. Das bekannteste Beispiel sind die vor der Brust verschränkten Arme. Manche Redner spielen den gesamten Vortrag über regelrecht Versteck: Sie ducken sich hinter dem Overheadprojektor, verkriechen sich hinter Tischen oder verharren hinter dem Rednerpult. Da diese Akteure sehr viel Distanz zur Zuhörerschaft

Tut mir nichts!

aufbauen, hat diese oft das Gefühl, sich selbst überlassen zu sein. Die Aufmerksamkeit sinkt, und die Zuhörer beschäftigen sich mit anderen Dingen als den Vortragsinhalten.

Verlegen-heitsgesten kosten Glaubwürdig-keit

Neben Rednern, die sich durchgängig unsicher auf der Bühne verhalten und versuchen sich abzuschotten, gibt es viele Vortragende, die einzelne Argumente mit Unsicherheitssignalen entwerten. Operieren Vortragende übermäßig oft mit Verlegenheitsgesten, berauben sie sich einer souveränen Ausstrahlung. Ihre Ausführungen konterkarieren sie mit Gesten, die Zweifel an ihrer Glaubwürdigkeit wecken. Dazu gehört beispielsweise das unsichere Kratzen am Kopf, das Herumnesteln an Schmuck oder Krawatte oder die Umklammerung des Halses mit der Hand. Redner, die während des Vortrages den Finger auf die Nase oder an die Lippen legen, erwecken beim Publikum den Eindruck, dass sie Informationen zurückhalten oder verfälscht wiedergeben wollen. Dieses Verhalten schürt die Skepsis der Zuhörer gegenüber den Ausführungen des Redners. Das Publikum weiß nicht, wie es die vorgetragenen Informationen einordnen soll und wo dem Redner Glauben zu schenken ist und wo nicht.

Mädchen, Mädchen

Auch »gestandene« Frauen fallen manchmal in das Mädchen-Schema zurück: Das Spielbein wird auf dem Fußballen hin- und hergedreht, der Oberkörper mit den hochgezogenen Schultern pendelt um die Körperachse, mit schief gelegtem Kopf wird ein unsicheres Lächeln Richtung Publikum gesandt, und der entblößte Hals liegt als Zeichen der Unterwerfung zum Biss frei.

Beispiel

Negativ-beispiel

Entdecken Sie Ihre charmante Seite

Probleme beim Umgang mit dem Publikum sind kein naturgegebenes Schicksal von Rednerinnen und Rednern. Sie können es durchaus schaffen, die Zuhörerschaft auf Ihre Seite zu ziehen. Setzen Sie sich zum Ziel, erst einmal Sympathie aufzubauen, bevor Sie in die eigentlichen Vortragsinhalte einsteigen. Vergleichen Sie die Vortragssituation mit alltäglichen Gesprächssituationen: Möchten Sie im Privat- oder Berufsleben neue Kontakte knüpfen, haben Sie mehr Erfolg, wenn Sie Ihrem Gegenüber in den wichtigen ersten Minuten die volle Aufmerksamkeit schenken. Sie bauen Augenkontakt auf, stellen sich so zum Gesprächspartner, dass keine Spannungen auftreten, sprechen in einer passenden Lautstärke und werden Informationen über sich geben, die es dem anderen ermöglichen, Sie einzuschätzen. Zudem werden Sie sicherlich die Gesprächsatmosphäre ein wenig auflockern, bevor Sie zum Kern der Sache kommen. Wenn Sie einschätzen können, wer Ihnen gegenübersteht, werden Sie sich bemühen, Ihren Sprachgebrauch an sein Vorwissen anzupassen. Wird Ihr Gesprächspartner abgelenkt, werden Sie eine kurze Pause machen und Ihre Ausführungen dann fortsetzen, wenn die Aufmerksamkeit wieder Ihnen gilt.

Schenken Sie dem Publikum die volle Aufmerksamkeit

Schaffen Sie es, diese Erkenntnisse auf Vortragssituationen zu übertragen, sind Sie einen entscheidenden Schritt weiter. Die meisten Vortragenden vergessen nämlich mit dem Betreten der Bühne, wie sich Redesituationen gestalten lassen. Sie verhalten sich anders als in »Face-to-Face«-Kontakten: Was im direkten Gespräch noch gelingt, geht im Stress der Vortragssituation unter. Eine Rückbesinnung auf das Verhalten in persönlichen Gesprächen wird Ihnen helfen, einen besseren Draht zum Publikum aufzubauen. Bleiben Sie auch dann souverän, wenn Ihnen eine größere Gruppe von Zuhörern gegenübersitzt. Entdecken Sie Ihre charmante Seite auch in Vorträgen.

Entdecken Sie Ihre charmante Seite in Vorträgen

Ihr Publikum wird Sie lieben

Damit Sie Ihr Publikum nicht vor den Kopf stoßen, sollten Sie mit Ihrer Vorbereitung in zwei Bereichen ansetzen. Sie müssen sich – gerade in den wichtigen ersten Minuten – den Zuhörern gegenüber richtig verhalten und sollten auch die richtigen Worte finden. Um das Herz Ihres Publikums zu gewinnen, müssen Sie also Ihre Körpersprache in den Griff bekommen und mit Formulierungen arbeiten, die Ihnen Zuneigung verschaffen.

So verschaffen Sie sich Sympathien

Sympathiefaktor »Sprachgebrauch« Um überhaupt zu einem angemessenen Sprachgebrauch zu kommen, ist es wichtig, von der Vorstellung Abschied zu nehmen, dass Sie Vorträge vom Blatt ablesen könnten. Die Schriftsprache folgt anderen Gesetzen als die mündliche Kommunikation. Ihre Ausführungen werden schnell zu komplex und unverständlich, wenn Sie mit komplett durchformulierten Vorträgen vor ein Publikum treten. Bauen Sie Ihr Manuskript lieber mit Stichworten auf. Hauchen Sie dann diesen Stichworten Leben ein, indem Sie frei um diese Erinnerungsstützen herum formulieren.

Der nächste Punkt ist, dass Sie Ihre Ausführungen lieber leicht verständlich als kompliziert fachmännisch halten sollten. Selbst vor einem Fachpublikum können Sie großen Anklang finden, wenn Sie Ihre Thesen allgemeinverständlich auf den Punkt bringen. Es ist ein Irrtum zu glauben, dass Sie Ihre Reputation durch möglichst komplizierte Formulierungen steigern könnten, im Gegenteil: Eine knappe, aber präzise Argumentation, die in sich schlüssig ist, überzeugt viel mehr als endloses Fachkauderwelsch. Insbesondere dann, wenn Sie wirklich etwas bewegen wollen, müssen Sie dem Publikum auch verständlich machen, worum es geht.

Die Kunst der verständlichen Rede

Hat El-Niño die Pinguine auf dem Gewissen?

Beispiel

»Unser Thema sind heute die Folgen der allgemeinen Klimaerwärmung. Wir werden nicht nur über den Treibhauseffekt sprechen, sondern auch über die Folgen für den Lebensraum der Eisbären und Pinguine. Und natürlich müssen wir uns mit einer möglichen Zunahme von Naturkatastrophen auseinander setzen. Ich werde auf Wirbelstürme und das El-Niño-Phänomen sowie deren Folgen für die Versicherungswirtschaft eingehen.«

Positiv-
beispiel

Sympathiefaktor »Einfühlungsvermögen« Nehmen Sie Abschied von der falschen Vorstellung des allzeit aufnahmebereiten und hochkonzentrierten Publikums. Es ist völlig normal, dass Schwankungen in der Aufmerksamkeit auftreten. Einfühlsame Redner wissen, dass Zuhörer auch Zeit brauchen, um Gedanken zu verarbeiten. In Ihren Vorträgen sollten Sie deshalb das Publikum immer wieder in den Vortrag zurückholen. Liefern Sie Zwischenzusammenfassungen, skizzieren Sie die wichtigsten Argumentationsketten wiederholt nach, betonen Sie Kernargumente und strukturieren Sie Ihren Vortrag so, dass sich leichtere Abschnitte in Ihrem Vortrag mit hochinformativen Passagen abwechseln.

Auch Zuhörer brauchen ihre Zeit

Einzelne Zuhörer, die mit privaten Unterhaltungen für Unruhe sorgen, müssen Sie im Interesse der anderen Zuhörer direkt ansprechen. Bauen Sie keine unnötigen Feindschaften auf, indem Sie die Ruhestörer anblaffen. Stellen Sie Störer elegant kalt, beispielsweise so: »Diskutieren Sie Ihre Anregungen doch mit mir und dem Rest des Publikums.«

Achten Sie darauf, dass das Publikum überhaupt Ihren Ausführungen folgen kann. Beseitigen Sie Störungen, die auf die Zuhörer einwirken. Wenn Sie merken, dass Unruhe im Publikum entsteht, sollten Sie die Ursachen verbalisieren. Sprechen Sie Erschöpfungszustände, Sauerstoffmangel, Lichtverhältnisse oder störende Hintergrundgeräusche an. Ihre Redekompetenz zeigt sich auch daran, dass Sie Ihr Publikum vor negativen Einflüssen schützen und den Aufmerksamkeitsfaktor immer wieder stärken.

Brain-Food

Beispiel

»Meine Damen und Herren, ich freue mich, dass Sie mir so konzentriert gefolgt sind. Ich sehe, dass einige von Ihnen sich doch gern Notizen machen möchten. Wir sollten einmal die Fenster weit öffnen, um unsere Gehirne wieder mit Sauerstoff zu versorgen. Dann werde ich Ihnen noch einmal meine Kernthesen in prägnanter Form zum Mitschreiben präsentieren.«

Positiv-beispiel

Sympathiefaktor »Kompetenz« Stimmen Sie Ihr Publikum darauf ein, dass es sich lohnt, Ihnen zuzuhören. Stellen Sie Ihre eigene Kompetenz heraus, um deutlich zu machen, dass Sie etwas zum Thema zu sagen haben. Auch bei unternehmensinternen Vorträgen wird nicht jedem Zuhörer klar sein, welchen Arbeitsbereich Sie betreuen und um welche Projekte Sie sich vorrangig kümmern. Es genügt also nicht, nur den eigenen Namen und die Position im Unternehmen zu nennen. Geben Sie auch einen kurzen inhaltlichen Abriss Ihrer beruflichen Aufgaben. Wenn Sie Ihr Unternehmen im Außenkontakt vertreten, ist es natürlich unverzichtbar, Ihren Expertenstatus herauszustellen. Bedenken Sie aber, dass Sie sich dann nicht im Kollegenkreis bewegen. Operieren Sie daher nicht mit Abkürzungen für Unternehmensbereiche, Projekte oder Arbeitsgruppen. Schaffen Sie in Ihrer Selbstdarstellung einen Bezug zum Vortragsthema. Machen Sie beispielsweise Ihre Problemlösungs- oder Beratungskompetenz deutlich.

Ihr Experten-status ist unverzichtbar

Aufgemerkt

»Guten Abend, meine Damen und Herren, mein Name ist Merle Jung, ich bin Key-Account-Managerin im IT-Bereich. Ein besonderes Anliegen von mir ist die Umsetzung von Full-Service-Konzepten für unsere Kunden. Marketing- und Vertriebskonzepte müssen gemeinsam entwickelt werden, um eine höhere Durchschlagskraft zu gewinnen. In meinem Vortrag werde ich Ihnen einige Anregungen für die bessere Abstimmung von Marketing und Vertrieb sowie Service und Verkauf geben.«

Positiv-
beispiel

Sympathiefaktor »Körperhaltung« Ein Manager sagte uns einmal: »Wer bei Präsentationen dasteht wie ein Fragezeichen, wird mehr Fragen aufwerfen als Antworten liefern können.« Der Eindruck, den Sie dem Publikum vermitteln, wird ganz wesentlich von Ihrer Körpersprache bestimmt. Aus der Art, wie Sie auftreten, werden auch immer Rückschlüsse auf Ihre Persönlichkeit gezogen. Sacken Sie während eines Vortrages beispielsweise in sich zusammen, entsteht schnell der Eindruck, dass Sie das notwendige Rückgrat für die anstehenden Entscheidungen vermissen lassen. Auf der anderen Seite können Sie mit einer aufrechten Haltung Gelassenheit und Stärke demonstrieren.

So nehmen
Sie den Druck
von der Vor-
tragssituation

Sie können Ihre Körperhaltung einsetzen, um den auf Sie wirkenden Druck in der Redesituation gar nicht erst zu groß werden zu lassen. Reduzieren Sie den Redestress, indem Sie sich leicht seitlich zum Publikum stellen. Wenn Sie sich frontal vor den Zuhörern aufbauen, entsteht immer eine angespannte Situation, unter der Sie selbst leiden werden. Denken Sie noch einmal an unseren Vergleich der Vortragssituation mit einem persönlichen Gespräch. Sie würden sich niemals vor Ihrem Gesprächspartner frontal aufbauen, da Sie wissen, dass dieses Verhalten Streit heraufbeschwören kann. Bei Vorträgen verhalten sich die meisten Redner wider diese Erfahrungsregel. Indem sie sich vor ihrem Publikum aufbauen, signalisieren sie sich selbst, dass die Situation eskalieren könnte. Die körpersprachlich vermittelte Kampfstimmung lässt den Stress exponentiell ansteigen und ruft dann, je nach Persönlichkeit, Unsicherheits- oder Kampfsignale hervor. Diese wirken wiederum deutlich stressverstärkend. Der Redner kann nicht zur Ruhe kommen. Er ist einer dauernden und sich immer weiter zuspitzenden Stressbelastung ausgesetzt.

Durchbrechen Sie diesen Teufelskreis. Begeben Sie sich von vornherein gar nicht erst in eine Kampfstellung, wenn Sie vor Ihr Publikum treten. Stellen Sie sich leicht seitlich gedreht zum Auditorium, so

Gute Noten für die Haltung

als ob Sie mit einer Ihnen völlig unbekannten Person auf einer Party ins Gespräch kommen wollten. Dabei ergibt sich automatisch ein weiterer Vorteil für Sie: Der von den Zuhörern abgewandte Arm kann locker herabhängen. Die Hand des zum Publikum zeigenden Armes können Sie dann zum Beispiel für Aufzählungszeichen, einladende Gesten mit offener Handfläche oder das Unterstreichen herausstechender Argumente nutzen.

Durchbrechen Sie den Teufelskreis

Auch die Haltung wird bewertet

Beispiel

Sie betreten die Bühne. Während Sie den Blickkontakt zu den Zuhörern suchen, nehmen Sie eine seitliche Grundstellung ein. Dann gehen Sie zum Flipchart, zum Beamer oder zum Overheadprojektor, um Ihre Gliederung zu präsentieren. Nach dem Start der Visualisierung wenden Sie sich leicht dem Publikum zu und beginnen Ihre Ausführungen. Wenn Ihnen Fragen gestellt werden, weichen Sie nicht zurück, sondern wenden sich dem Fragesteller zu und fixieren ihn mit Ihrem Blick.

Positiv-
beispiel

Sympathiefaktor »befreites Auftreten« Wenn Sie auf der Bühne Versteck spielen oder ständig Halt an Vortragsutensilien suchen, wird das Publikum Ihnen nicht unvoreingenommen folgen können. Treten Sie frei vor Ihre Zuhörer, und bleiben Sie auf der Bühne beweglich. Die Versuchung, sich vor seinem Publikum hinter Rednerpulten und Tischen zu verstecken, entsteht ganz wesentlich aus dem ungünstigen frontalen Auftreten. Weil Rednerinnen und Redner den Druck spüren, den sie selbst aufgebaut haben, versuchen sie, eine Barriere zwischen sich und das Publikum zu schieben. Das Verharren hinter dem Rednerpult schafft aber keine Befreiung von Stress, es raubt vielmehr die Beweglichkeit und zwingt den Redner in die Erstarrung. Positio-

Ohne Zwänge zum befreiten Auftritt

nieren Sie sich lieber in einer seitlichen Haltung frei auf der Bühne.

Achten Sie darauf, dass Sie nun nicht versuchen, die fehlende Barriere mit vor der Brust verkreuzten Armen neu aufzubauen. Geben Sie nicht nur sich selbst, sondern auch Ihren Armen und Händen Spielraum. Eine lebendige Gestik wird Ihre Zuhörer fesseln. Sie kann aber nicht entstehen, wenn Ihre Hände ständig Stifte umklammern oder Papier festhalten. Das Publikum bewundert Redner, die ohne Zwänge auf der Bühne agieren. Gönnen Sie sich einen körpersprachlichen Freiraum, um Lebendigkeit in den Vortrag zu bringen. Wenn Sie auf der **Vermeiden** Bühne zwischen Flipchart und Overheadprojektor oder Meta- **Sie Barrieren** plan und Beamer hin- und hergehen, werden Sie effektiv Stress **zum** abbauen und einen dynamischen Eindruck hinterlassen. Hek- **Publikum** tisches Hin- und Her-»Tigern« lenkt Zuschauer natürlich ab, doch kontrolliertes Agieren verschafft Ihnen eine ungeteilte Aufmerksamkeit. Zudem verhindern Sie auf diese Weise, dass Sie auf der Bühne zur Salzsäule erstarren und jeden Funken Lebendigkeit aus dem Vortrag verbannen. Machen Sie sich keine Gedanken über unnötige Schauspielerei während des Vortrages. Lösen Sie lieber Ihre Selbstblockaden auf, damit Sie Ihre Persönlichkeit auch durch einen zu Ihnen passenden Auftritt unterstreichen können.

Die Sensor-Technik

Beispiel

Redner, die ihre körperliche Wahrnehmung geschult haben, arbeiten oft mit der Sensor-Technik. Statt krampfhaft zu versuchen, bestimmte Bewegungen von vornherein zu vermeiden, etablieren sie lieber Feedback-Prozesse, die ihnen Fehlhaltungen bewusst machen, sodass sie sie auflösen können. Beispielsweise melden die Fingerkuppen dann den in der Hand gehaltenen Stift, geballte Fäuste, die Umklammerung einer Tischkante Positiv- oder ineinander verschränkte Finger. Die Verspannungen können dann beispiel immer wieder aufgelöst werden, bevor sie sich zur Störung auswachsen.

Sympathie: der Flirt mit dem Publikum

- Es liegt in Ihrer Hand, ob Ihnen das Publikum ablehnend oder wohlwollend gegenübersitzen wird.
- Während des Vortrages ist die eigene Ausstrahlung den meisten Rednerinnen und Rednern nicht bewusst. Sie merken oft nicht, dass sie Unsicherheit signalisieren oder Aggressivität ausstrahlen.
- Ein unreflektierter Umgang mit eigenen Ängsten führt dazu, dass das Publikum als Blitzableiter missbraucht wird.
- Genauso oft wie direkte Angriffe kommen indirekte Provokationen vor. Ungeübte Redner leiten auf diese Weise eine Schuldverschiebung ein, die das Publikum zum Täter und sie selbst zum Opfer macht.
- Die Überforderung des Publikums durch eine abgehobene Fachsprache ist der untaugliche Versuch, die Zuhörer zu ahnungslosen Laien zu stempeln.
- Wer ohne Rücksicht auf Verluste sein Vortragsprogramm durchzieht und womöglich vom Blatt abliest, tritt die Informationsbedürfnisse seines Publikums mit Füßen und nimmt ein vorzeitiges Abschalten der Aufmerksamkeit in Kauf.
- Vortragende, die auf Störungen nicht eingehen, blenden aus, dass ihnen nicht Maschinen, sondern Menschen gegenübersitzen. Auf Störungen im Vortrag muss eingegangen werden, sonst setzen Redner die Aufmerksamkeit der Zuhörer aufs Spiel.
- Dass sie körpersprachliche Kampfsignale aussenden, ist vielen Rednern gar nicht bewusst. Unterschwellige Kampfansagen werden aber von den Zuhörern wahrgenommen und lassen sie gegen den Redner Position beziehen.
- Selbstabwertungen sind gefährlich. Glauben Redner nicht an sich selbst, wird ihnen auch das Publikum nicht folgen.
- Unsicherheitssignale kosten Vortragende die Glaubwürdig-

keit. Die Zuhörerschaft ist dann irritiert und weiß nicht, wie es die Informationen bewerten soll.

- Bauen Sie eine Brücke zum Publikum und stellen Sie eine kooperative Atmosphäre her. Besinnen Sie sich dazu auf die Vorgehensweise in persönlichen Gesprächen.
- Richten Sie Ihren Sprachgebrauch am Vorwissen Ihres Publikums aus, und bringen Sie Ihre Ausführungen auf den Punkt.
- Wechseln Sie im Vortrag zwischen Phasen des Informations-Inputs und leichteren Abschnitten, um die Zuhörer nicht zu überfordern.
- Beseitigen Sie Störungen, die auf das Publikum einwirken. Stillen Sie erst die Grundbedürfnisse nach Luft, Licht und Wasser, bevor Sie geistige Nahrung anbieten.
- Stimmen Sie Ihr Publikum darauf ein, dass es sich lohnt, Ihnen zuzuhören. Stellen Sie Ihre eigene Kompetenz heraus.
- Sorgen Sie für Dynamik auf der Bühne, ohne in Aktionismus zu verfallen. Wohl dosierte Bewegung schafft Aufmerksamkeit.
- Befreien Sie sich von körpersprachlichen Selbstblockaden. Geben Sie sich den notwendigen Freiraum für eine lebendige Gestik.
- Zeigen Sie auch in Vorträgen Ihre charmante Seite, so gewinnen Sie die Sympathie der Zuhörer.

5

Argumente:
Belegen Sie Ihre Überzeugungen

Wenn Sie Ihre Argumente präsentieren, sollten Sie taktisch vorgehen. Zeigen Sie, dass Sie sich mit den Vorstellungen und Bedürfnissen Ihrer Zuhörer bereits im Vorfeld auseinander gesetzt haben. Bereiten Sie Ihre Argumente so auf, dass Sie Ihrem Publikum mit prägnanten, aber überzeugenden Kernbotschaften im Gedächtnis bleiben.

Wer regelmäßig Reden anhört, gewinnt schnell den Eindruck, dass die meisten Redner irrigerweise glauben, eine Rede sei umso besser, je mehr Worte sie enthält und je informationsärmer sie ist. Die Kurzformel »gut = viel + nichtssagend« führt aber nicht nur den Redner in die Sackgasse, sondern steht auch den Wünschen der Zuhörer entgegen. Die Kunst der Rede besteht darin, dem Publikum ausgewählte Inhalte näher zu bringen und die Darstellung an der Lebenswelt der Zuhörer auszurichten. Damit Sie nicht über die Köpfe Ihres Auditoriums **Viel ist** hinwegreden, sollten Sie den Wissensstand und den Erfah- **nicht auto-** rungshintergrund berücksichtigen. Wenn Sie beispielsweise **matisch** Auszubildenden Sicherheitsvorschriften im Betrieb näher brin- **gut** gen wollen, werden Ihnen bildungsbürgerliche Zitate nicht weiterhelfen. Eröffnen Sie dagegen eine Kunstausstellung, können Sie nicht auf den Praxisnutzen der Gegenstände abzielen. Grundsätzlich gilt, dass ein bloßes Aufzählen von reinen Fakten niemals ausreicht, es kommt immer darauf an, emotionale Elemente einzubauen, welche die Ausführungen in den Köpfen der Zuhörer verankern. Kurz gesagt: Gute Rhetorik ist von der Information her knapp und präzise und in der Darstellung lebendig und bewegend. Unsere Formel für gelungene Vorträge lautet daher »gut = knackig + spannend«.

Gut = knackig + spannend

Wie lautet Ihre Botschaft?

Es überrascht nicht, dass das Publikum am Ende einer Rede oft nicht weiß, worum es eigentlich genau gegangen ist und was der Redner nun von ihm erwartet. Schließlich sind sich die meisten Vortragenden oft selber nicht darüber im Klaren, welche Kernbotschaft sie vermitteln wollen und welche Reaktionen sie erzielen möchten. Auch wenn der Titel eines Vortrages immer schon im Vorfeld feststeht, heißt dies nicht, dass die Referenten präzise benennen können, was sie ihrem Auditorium mitteilen wollen.

In unseren Seminaren und Workshops konfrontieren wir die Teilnehmer am Anfang damit, wie schnell ihre Reden in Vergessenheit geraten können. Wir lassen sie kurze Probevorträge bei freier Themenwahl halten. Wenn wir dann nach zwei Stunden oder womöglich erst am folgenden Tag die Frage in die Runde geben: »Worüber hat dieser Teilnehmer referiert?«, herrscht zunächst angestrengtes Nachdenken, bis zögerlich einzelne Schlagworte zum Vortrag genannt werden. Die Referenten sind bereits an dieser Stelle geschockt oder enttäuscht, dass so wenig von ihren Ausführungen hängen geblieben ist. Wenn wir dann mit der Frage nachsetzen: »Welchem Zweck diente der Vortrag?«, greift das große Schweigen um sich. Bei neun von zehn Präsentationen ist im Nachhinein nicht mehr nachzuvollziehen, warum sich der Redner des Themas angenommen hat.

Was wollte der Redner eigentlich sagen?

Was unterscheidet nun den einen im Gedächtnis gebliebenen Vortrag von den anderen neun, die schnell in Vergessenheit geraten sind? Wie können Sie es schaffen, dass Ihre Vorträge in

Erinnerung bleiben? Die Antwort lautet: Ihr Weg ins Gehirn der Zuhörer führt über deren Herzen. Koppeln Sie deshalb rationale Argumente an Emotionen. Wenn Sie also darangehen, Ihre Vorträge inhaltlich vorzubereiten, sollten Sie sich zunächst überlegen, was Sie bei den Zuhörern auslösen möchten, und danach festlegen, welche Sachinformationen und Gefühlsargumente Sie dabei unterstützen.

Wozu dient der Vortrag?

Es gibt viele unterschiedliche Anlässe, bei denen Sie als Redner gefragt sind. Es kann Ihnen passieren, dass Sie begrüßen, informieren, motivieren, aufklären, verkaufen, beraten, wachrütteln, überzeugen, unterhalten, ermutigen, inspirieren oder würdigen müssen. Je nach Anlass müssen Sie einmal betont sachlich auftreten und ein anderes Mal stärker an die Gefühle der Zuhörer appellieren. Werden Sie sich deshalb erst einmal klar darüber, was Sie mit Ihrem Vortrag bezwecken, um die Argumente richtig gewichten zu können.

Ins Schwarze

Beispiel

Ein Controller ist aufgefordert worden, die Ergebnisse des letzten Quartals vor der Geschäftsleitung zu präsentieren. Was auf den ersten Blick nach nüchterner Bestandsaufnahme aussieht, erweist sich bei näherem Hinsehen als Herausforderung für sein taktisches Geschick. Schließlich müssen Fehlentwicklungen thematisiert werden, womit eine Kritik an Zuständen in einzelnen Unternehmensbereichen verbunden ist. Es müssen auch Trends herausgearbeitet werden, wobei begründet werden muss, wie nachhaltig diese positiven Entwicklungen eingeschätzt werden. Insgesamt werden Empfehlungen erwartet, damit die Geschäftsleitung die Weichen für das kommende Geschäftsjahr richtig stellen kann. Emotionen aus Entscheidungen über die künftige Mittelvergabe heraushalten zu können, dürfte sich schnell als trügerischer Wunschtraum erweisen. Zudem geht es auch um das berufliche Ansehen des Controllers, das sich mit einem reinen Herunterbeten von Zahlenkolonnen im Buchhalterstil sicherlich nicht stärken lässt. Etwas Selbstmarketing gehört bei Auftritten im beruflichen Kontext dazu. Der Controller sollte also auch die Relevanz seiner Tätigkeit für das Unternehmenswohl herausstellen.

Damit der Controller im Vortrag keinen Schiffbruch erleidet, muss er erkennen, dass das Vortragsthema ganz bestimmte offizielle Vortragsziele enthält und dass sich auch inoffizielle Ziele erreichen lassen. Dies lässt sich folgendermaßen darstellen:

Vortragsthema: »Präsentation der Geschäftsergebnisse des vergangenen Quartals«

- Erstes offizielles Vortragsziel: Aufzeigen von Fehlentwicklungen
- Zweites offizielles Vortragsziel: Herausarbeiten von Trends
- Drittes offizielles Vortragsziel: Bewertung der Nachhaltigkeit von Trends
- Viertes offizielles Vortragsziel: Empfehlungen für die zukünftige Mittelvergabe

- Erstes inoffizielles Vortragsziel: Stärkung des Ansehens der Controlling-Abteilung
- Zweites inoffizielles Vortragsziel: Bewilligung eines persönlichen Assistenten für den Controller

Welche Ziele verfolgen Sie?

Analysieren Sie Ihren nächsten Redeanlass schon jetzt, arbeiten Sie Ihre Vortragsziele präzise heraus. Beschränken Sie sich dabei nicht auf die offensichtlichen Vortragsziele, benennen Sie auch Ihre heimlichen Absichten.

Vortragsthema: . . . .
. . . .
. . . .

Erstes offizielles Vortragsziel: . . . .

. . . .

Zweites offizielles Vortragsziel: . . . .

. . . .

Drittes offizielles Vortragsziel: . . . .

. . . .

Inoffizielles Vortragsziel: . . . .

. . . .

Sie haben gesehen, dass Sie das Pferd nicht von hinten aufzäumen können. Es bringt Sie nicht weiter, wenn Sie gleich damit beginnen, umfangreiche Sammlungen von Argumenten zu erstellen, endlose Datenblätter aneinander zu reihen oder Unmengen von Diagrammen und Charts zusammenzustellen. Bevor Sie sich in Ihren Materialsammlungen verlieren, sollten Sie lieber kurz innehalten und fixieren, welche Absichten Sie eigentlich mit Ihrem Vortrag verfolgen. Erst nachdem dies geschehen ist, sollten Sie gezielt nach passenden Fakten, Argumenten und Beispielen suchen.

Fixieren Sie Ihre Absichten

Die passenden Argumente

Auch wenn Ihre Argumente noch so einwandfrei belegbar sind: Wenn Sie an Ihren Zuhörern vorbeireden, wird Sie dies nicht weiterbringen. Zu einer guten Argumentation gehört daher die

Fähigkeit, sich zu überlegen, welchen Argumenten das Publikum aufgeschlossen gegenübersteht. Ein weiterer wesentlicher Punkt ist die Strukturierung Ihres Vortrages. Wann bringen Sie die besten Argumente auf den Tisch? Wie ordnen Sie die Argumente an, damit sie ihren Zuhörern auch im Gedächtnis bleiben? Masse ist noch lange nicht gleichbedeutend mit Klasse. Viele Vortragende sind schon gescheitert, obwohl sie die Faktenlage auf ihrer Seite glaubten. Argumente überzeugen nicht an sich, sie gewinnen ihren Stellenwert erst durch das geschickte Einbringen in den Vortrag. **Welche Argumente greifen bei den Zuhörern?**

Grundsätzlich bringen Sie Ihre Zuhörer leichter hinter sich, wenn Sie sie nicht zu schnell mit Argumenten konfrontieren, die Widerspruch auslösen. Beginnen Sie Ihre Präsentationen daher mit Aussagen, die Ihr Auditorium akzeptieren kann. Das heißt für Sie, dass Sie in Ihrer Rede zunächst mit allgemeinen Statements beginnen, denen Ihr Publikum widerspruchslos zustimmen kann. Wichtig ist, dass Sie nicht gleich am Anfang in eine Auseinandersetzung mit Ihren Zuhörern einsteigen.

Nachdem Sie eine Atmosphäre des gegenseitigen Einverständnisses hergestellt haben, können Sie dann die eigentlichen Argumente bringen. An diesem Punkt dringen Sie zum Kern Ihrer Ausführungen vor. Es kann durchaus sein, dass Sie auch auf Widerspruch treffen, den Sie argumentativ auflösen müssen. Souveräne Reaktionsmöglichkeiten auf Anmerkungen und Provokationen stellen wir Ihnen im Kapitel *Die hohe Schule der Dialektik: souverän auf Störfeuer reagieren* vor. **Stellen Sie eine eigene Atmosphäre her**

Da sich Ihr Publikum aus Personen mit ganz unterschiedlichen Vorlieben und Einstellungen zusammensetzt, werden Sie den angestrebten Redeerfolg dann erzielen, wenn sich jeder Einzelne angesprochen fühlt. Der eine benötigt Fakten, um sich von der Macht der Zahlen überzeugen zu lassen, der andere ist an Visionen interessiert. Mancher braucht Beispiele, um etwas nachvollziehen zu können, ein anderer schätzt ein hohes Abstraktionsniveau. Nicht zuletzt gibt es auf der einen

Seite die Anhänger der wissenschaftlichen Studien und auf der anderen Seite die Freunde bewährter Praxislösungen (siehe Übersicht 4).

Passende Argumente

Übersicht 4

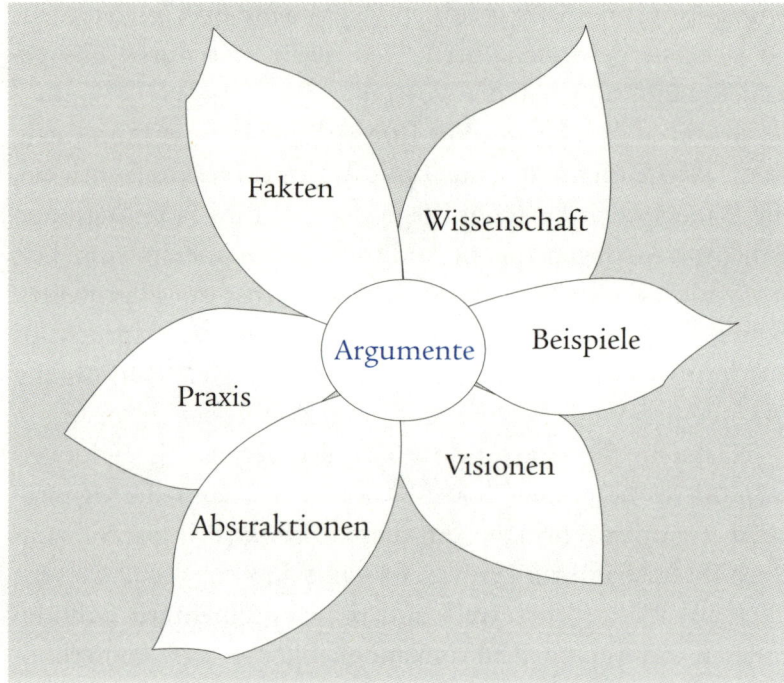

Ihre einzelnen Argumente können Sie nüchtern darstellen, aber auch emotional einfärben. Die richtige Mischung aus Sachargumenten und Gefühlsargumenten macht den Erfolg von Vorträgen aus. Je nach Redeanlass sollten Sie den Schwerpunkt eher auf Sachargumente oder aber auf Gefühlsargumente legen. Achten Sie aber immer darauf, dass Sie Ihr Publikum mit Ihren Ausführungen wirklich erreichen. Dies wird Ihnen nur dann gelingen, wenn Sie auch einen emotionalen Bezug zum Thema herstellen.

Eine Mischung aus Sach- und Gefühls- argumenten

Die Faktenlage Im beruflichen Alltag sollte es für Sie kein Problem sein, Ihre Präsentationen mit Zahlenmaterial anzureichern. Sie werden sicherlich Tabellen, Charts oder Diagramme erstellen können, um Ihre Aussagen zu untermauern. Ihre Visualisierungen werden dankbar aufgenommen werden – allerdings nur dann, wenn Sie auch mit Ihren Zahlen klare Aussagen treffen und das Publikum nicht mit einer Datenflut überschwemmen.

Zahlenspiele

Beispiele

Sachliche Version: »Bis zum Jahre 2006 werden im Mobilfunkgeschäft die mobilen Datendienste mehr als 30 Prozent der Umsätze ausmachen. Wir müssen rechtzeitig unser Angebot an Spielen, Nachrichten und Informationsdiensten ausbauen, um diesem Trend Rechnung zu tragen.«

Emotionale Version: »Wir müssen unsere Kunden dort packen, wo sie Defizite haben. Die erlebnishungrige Internet-Generation hat einen immensen Bedarf an aktiver Freizeitgestaltung. Im Jahr 2006 werden die mobilen Datendienste schon mehr als 30 Prozent der Umsätze im Mobilfunkgeschäft ausmachen. Wenn wir 2006 noch dabei sein wollen, müssen wir noch viel mehr als bisher Spiele, Nachrichten und Informationsdienste anbieten.«

Positiv-
beispiele

Visionäre Eingebungen In die Zukunft blickende Entscheider rühmen sich manchmal damit, dass in ihrem Herzen keine Krämerseele schlummert. Natürlich entscheiden sie letztendlich auch auf Basis der Faktenlage, sie sind aber vorrangig an einer Vision als Fixstern interessiert, um sich neue Welten zu erschließen. Achten Sie deshalb darauf, in Ihrer Präsentation auch einmal einen Ausblick in die Zukunft zu geben. Stellen Sie dar, was sein könnte, um die Zuhörer für neue Ziele zu begeistern.

Geben
Sie einen
Ausblick in
die Zukunft

Die Stimme sprach

Sachliche Version: »Die Zukunft der Datenkommunikation ist global. Wir bieten unseren Datenservice heute schon europaweit an, bald werden wir uns auch im wichtigen US-amerikanischen Markt etablieren. Das Ziel unserer Entwicklung muss der weltweite Datenaustausch sein.«

Emotionale Version: »Kommunikation kennt keine Grenzen. Der Kunde muss sicher sein, dass seine Daten dorthin gelangen, wo sie benötigt werden. Lassen Sie uns daran arbeiten, unseren Datenservice weltweit zu etablieren. Wir wollen unseren Kunden rund um die Uhr und rund um den Globus Betreuung anbieten!«

Beispiele und Analogien Die Argumentation mit Beispielen und Analogien wird in den meisten Reden völlig vernachlässigt. Viel zu wenig Vortragende nutzen die Lebenserfahrung ihrer Zuhörer, um für ihre Aussagen zu werben. Liefern Sie einprägsame Beispiele, die das Publikum nachvollziehen kann. Arbeiten Sie mit Analogien, die deutlich machen, wie wichtig die von Ihnen vorgestellten Inhalte sind.

Die richtige Übersetzung

Sachliche Version: »Eltern, die immer darauf achten, dass ihr Kind zum Fahrradfahren einen Helm trägt, werden plötzlich sorglos, wenn sie ihre Kinder im Auto mitnehmen. Auf einmal soll alles nur noch schnell gehen. Die Kinder werden gerade auf Kurzstrecken ins Auto verfrachtet und nicht angegurtet. Dabei passieren die häufigsten Unfälle beim Transport von Kindern auf Strecken, die weniger als fünf Kilometer lang sind.«

Emotionale Version: »Würden Sie Ihr Kind vom Dreimeterbrett in ein leeres Schwimmbecken stoßen? Sicherlich nicht! Aber schnallen Sie Ihr Kind bei jeder noch so kurzen Autofahrt richtig an? Die meisten Autounfälle mit Kindern als Passagieren passieren im Kurzstreckenverkehr. Wenn Sie im Stadtverkehr bei 40 Stundenkilometern einen Unfall bauen, entspricht dies für Ihr nicht angegurtetes Kind einem Sprung vom Dreimeterbrett ins Schwimmbecken, allerdings in ein leeres Schwimmbecken.«

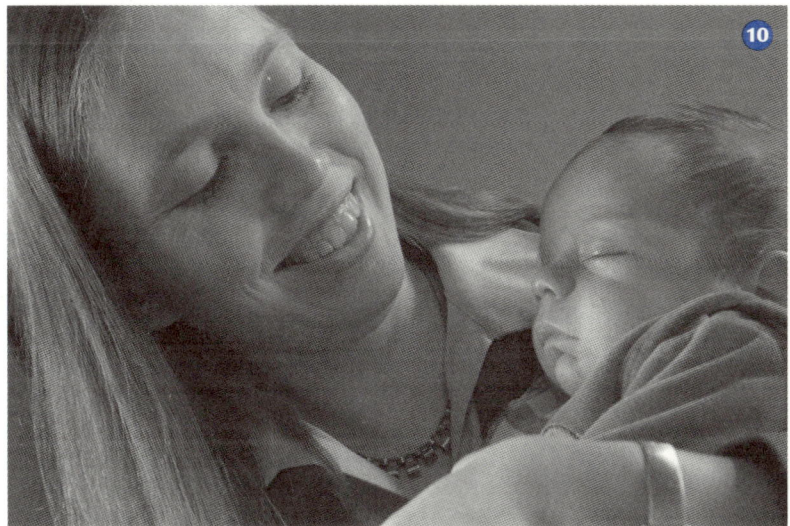

Kinder wecken Emotionen

Abstrakte Aussagen Generalisierungen und Abstraktionen haben den Vorteil, dass Ihr Publikum innerlich zustimmen kann, weil der konkrete Aussagegehalt meist sehr gering ist. Redeprofis arbeiten immer dann mit abstrakten Aussagen, wenn sie die Zuhörerschaft einen und hinter sich bringen möchten. Auch Sie können Verallgemeinerungen nutzen, um eine Atmosphäre der Übereinstimmung zu schaffen.

Es tut nicht weh (noch nicht)

Sachliche Version: »Wir alle müssen den Globalisierungseffekten ins Auge blicken. Sicherlich gibt es Risiken, wir sollten aber die Chancen nicht

Beispiele

übersehen, die sich uns bieten. Lassen Sie uns die neue Herausforderung gemeinsam bewältigen, um unsere Geschäftstätigkeit auf ein neues Niveau zu heben.«

Emotionale Version: »Unsere Mitbewerber stehen schon alle in Startlöchern oder haben sie längst verlassen. Wenn wir mit hechelnder Zunge hinter ihnen hereilen müssen, werden wir mit viel Glück vielleicht noch zweiter Sieger werden. Auch wir müssen die Herausforderung der globalen Märkte annehmen. Lassen Sie uns den Turbo zünden, um auf der Überholspur an der Konkurrenz vorbeizuschießen.«

Die Wissenschaft sagt Untermauern Sie Ihre Ansichten mit wissenschaftlichen Argumenten. Es lassen sich zu fast jedem Thema Untersuchungen, Gutachten oder Expertenmeinungen finden, mit denen Sie Ihre Ausführungen unterstützen können. Der Rückgriff auf Autoritäten lässt Widerstände bei Zuhörern gar nicht erst aufkommen. Viele Menschen werden Ihren Worten mehr Glauben schenken, wenn Sie beispielsweise den Zusatz »So hat Prof. Dr. Dr. Meyer in einer aktuellen Studie festgestellt, dass ...« verwenden.

Vertrauen Sie Dr. Best

Sachliche Version: »Die Zeit der großen Wachstumsraten im Bereich PC und Internet ist vorbei. Künftig wird die Menschheit vermehrt auf künstliche Diener zurückgreifen. Diese Entwicklung, die in der Industrie schon in vollem Gange ist, wird sich auch in die privaten Haushalte fortsetzen. So bekräftigt auch Dr. Robert Smith, Leiter des Labors für künstliche Intelligenz am Massachusetts Institute of Technology in den USA: ›Die Roboterrevolution wird uns in den nächsten zehn Jahren überrollen!‹«

Emotionale Version: »Die Wissenschaft ist sich einig, dass bald künstliche Geschöpfe in unser Leben treten werden. Roboter werden im neuen Jahrtausend einen Boom auslösen, der PC und Internet in den Schatten stellen wird. Was in der Industrie schon längst üblich ist, wird bald auch in private Haushalte Einzug halten. Dienstbare Roboter werden als Haushaltshilfe Ihr Leben erleichtern. Dr. Robert Smith, der anerkannte Experte für künstliche Intelligenz und Institutsleiter am weltberühmten MIT in den USA, gibt die Prognose ab: ›Die Roboterrevolution wird uns in den nächsten zehn Jahren überrollen!‹«

Die Praxis spricht Letztlich glaubt jeder Zuhörer nur einem Experten, und der ist er selbst. Deshalb sollten Sie Ihre Argumente so präsentieren, dass sie an die Erfahrungen der Zuhörer anknüpfen. Wenn sich Ihre Ausführungen mit den Erlebnissen des Publikums decken, verschaffen Sie sich eine hohe Glaubwürdigkeit. Ziehen Sie den Praxis-Joker, machen Sie die Praxisrelevanz Ihrer Vorschläge deutlich.

Ziehen Sie den Praxis-Joker

Quadratisch, praktisch, gut

Beispiele

Sachliche Version: »Das von mir vorgestellte Verfahren zur Qualitätssicherung und -optimierung wird schon seit zwei Jahren erfolgreich bei der Logistik AG in Heidelberg eingesetzt. Qualitätssicherung darf nicht nur am Endprodukt ansetzen. Wir sind uns sicherlich einig: Wenn fehlerhafte Zwischenprodukte durch den Produktionsprozess geschleppt werden, ist dies eine große Verschwendung von Ressourcen. Wir müssen Fehler schon in der Konstruktion ausräumen und eine fehlerfreie Übergabe zwischen den Produktionsstufen sicherstellen.«

Positiv-beispiele

Emotionale Version: »Qualität ist nicht alles, aber ohne Qualität ist alles nichts! Wir müssen unsere Anstrengungen erhöhen, damit wir unsere Qualität sichern und optimieren können. Sie ärgern sich sicherlich genauso wie ich, wenn Sie ein fehlerhaftes Produkt in den Händen halten, das Sie gerade erst neu erworben haben. Wir dürfen die Kunden unserer Firma nicht vergraulen. Gestehen wir ihnen die gleichen Qualitätsansprüche zu, die wir selbst verlangen. Die Installation des neuen Qualitätssicherungs- und -optimierungsverfahrens wird uns den entscheidenden Schritt weiterbringen.«

Erhöhen Sie die Schlagkraft Ihrer Argumente

Wenn Sie sich einen Eindruck davon verschaffen möchten, wie Argumente in Vorträge im beruflichen Alltag eingepasst werden können, sollten Sie unsere Beispiele im Kapitel *Überzeugen im Beruf: spezielle Tipps für den Business-Alltag* durcharbeiten. Sie finden dort zahlreiche Anregungen, wie Sie Ihre Argumentation aufbauen können. Nun sind Sie aber erst einmal selbst am Zug. Machen Sie unsere Übung »Gute Argumente«, um die Schlagkraft Ihrer Ausführungen zu erhöhen.

Gute Argumente

Übung

Sammeln Sie in dieser Übung Argumente für Ihren nächsten Vortrag. Stellen Sie Zahlenmaterial zusammen, entwickeln Sie Visionen, überlegen Sie sich Beispiele, schwören Sie das Publikum mit abstrakten Aussagen auf Ihre Linie ein, liefern Sie Stimmen aus der Wissenschaft und gehen Sie auf die Praxisrelevanz Ihrer Ausführungen ein. Verfeinern Sie Ihre Argumente dann, indem Sie je eine sachliche und eine emotionale Version ausarbeiten.

Ihre Fakten: . . . .
. . . .
. . . .

Ihre sachliche Version: . . . .
. . . .
. . . .

Ihre emotionale Version: . . . .
. . . .
. . . .

Ihre Vision: . . . .

Ihre sachliche Version: . . . .
. . . .

Ihre emotionale Version: . . . .
. . . .
. . . .

Ihre Beispiele: . . . .
. . . .

Ihre sachliche Version: . . . .
. . . .

Ihre emotionale Version: . . . .
. . . .
. . . .

Ihre abstrakten Aussagen: . . . .
. . . .

Ihre sachliche Version: . . . .
. . . .

Ihre emotionale Version: . . . .
. . . .
. . . .

Ihre wissenschaftlichen Argumente: . . . .
. . . .
. . . .

Ihre sachliche Version: . . . .
. . . .

Ihre emotionale Version: . . . .
. . . .

Ihre Praxisargumente: . . . .
. . . .

Ihre sachliche Version: . . . .
. . . .

Ihre emotionale Version: . . . .
. . . .

Auf den Punkt gebracht

Nachdem Sie Ihre Vortragsziele bestimmt und die dazu passenden Argumente gesammelt haben, ist es wichtig, sich zu überlegen, wie Sie Ihre Botschaft auf den Punkt bringen können.
Überschätzen Sie die Aufnahmefähigkeit Ihres Publikums

Nicht alles nicht, und setzen Sie sich nicht unnötig unter Vermittlungs-
geht durch druck. Auch wenn Sie 30, 45 oder gar 90 Minuten Zeit einge-
den Nürnber- räumt bekommen, um Ihren Zuhörern ein Thema näher zu
ger Trichter bringen, sollten Sie sich keinen Illusionen hingeben: Wenn
dem Publikum nach dem Vortrag zwei bis drei Kernbotschaf-
ten im Gedächtnis bleiben, haben Sie schon viel erreicht.

Damit die von Ihnen gegebenen Informationen nicht untergehen, ist es unumgänglich, zu Beginn des Vortrages eine Gliederung

vorzustellen. Visualisieren Sie Ihr Vortragskonzept. Eine Struktur ist notwendig, damit die von Ihnen vorgebrachten Argumente, Thesen und Meinungen nicht sofort wieder untergehen. Erleichtern Sie Ihren Zuhörern das Einordnen des Gesagten. Hinzu kommt, dass Visualisierungen äußerst hilfreich dabei sind, die mündlich vorgetragenen Inhalte besser im Gedächtnis der Zuhörer zu verankern. Wenn Sie mehrere Sinneskanäle bei der Informationsvermittlung ansprechen, erreichen Sie eine bessere Aufnahme des Gesagten.

Auch für Sie hat die Ausarbeitung einer stimmigen Gliederung mehrere Vorteile. Sie erleichtern sich selbst die Orientierung im Vortragsthema und können sich immer wieder den Ablauf Ihres Vortrages vor Augen führen. Für Redner gilt das Gleiche wie für das Publikum: Erst wenn Informationen durch eine Struktur in einen Sinnzusammenhang gebracht werden, können sie gut abgespeichert und auch wieder abgerufen werden. **Wenig ist oft mehr**

Bauen Sie Ihren Vortrag lieber um wenige Kernbotschaften herum auf, als ihn mit Informationen zu überladen. Die Gefahr, sich in einer Menge an Sachinformationen zu verlieren, ist sehr groß. Verringern Sie die Menge Ihrer Informationen, um die Wirkung Ihrer Worte zu erhöhen. Beispiele für diese Vorgehensweise finden Sie täglich in Zeitungsberichten, in Werbeanzeigen und in Fernsehsendungen. Schlagzeilen bestimmen die Informationsarbeit, Aussagen werden sehr stark reduziert und prägnant formuliert. In einer Zeit der Informationsüberflutung ist es gar nicht so leicht, Aufmerksamkeit für die eigenen Anschauungen zu erzielen. Verschaffen Sie sich Gehör, indem Sie Ihre Botschaften auf den Punkt bringen.

Nicht mehr als drei, bitte!

In der Kürze liegt die Würze. Damit Sie Ihrem Publikum Kernbotschaften vermitteln können, die lange im Gedächtnis bleiben, sollten Sie Ihren Vortrag zunächst einmal selber auf den Punkt bringen. Üben Sie sich in der Kunst der Reduktion: Fassen Sie Ihren Vortrag in drei Sätzen zusammen.

Erster Satz: . . . .
. . . .

Zweiter Satz: . . . .
. . . .

Dritter Satz: . . . .
. . . .

Ihre Kernbotschaften sollten Sie in Ihrem Vortrag herausstellen. Liefern Sie Zwischenzusammenfassungen. Zeichnen Sie wichtige Argumentationslinien nach. Wiederholen Sie die wichtigsten und wirksamsten Argumente. Entlassen Sie Ihr Publikum nicht, ohne dass Sie noch einmal eine Zusammenfassung des Gesagten liefern. Bei kontroversen Themenstellungen bietet es sich an, Ihre Argumente gegen jene der anderen Seite abzuwägen. Betonen Sie die Gemeinsamkeiten, die deutlich geworden sind, und stellen Sie dann ein weiteres Mal Ihre Argumente heraus.

Auf einen Blick

Argumente:
Belegen Sie Ihre Überzeugungen

Im Blick

- Argumente überzeugen nicht an sich. Es kommt darauf an, sich bereits im Vorfeld zu überlegen, worauf die Zuhörer anspringen.

- Gute Rhetorik ist von der Information her knapp und präzise, in der Darstellung lebendig und bewegend.
- Arbeiten Sie darauf hin, dass die Kernbotschaften Ihres Vortrages bis ins Gehirn der Zuhörer vordringen und dort auch eine Weile präsent bleiben.
- Überlegen Sie sich, was Sie mit Ihrem Vortrag erreichen möchten. Neben den offiziellen Vortragszielen gibt es auch legitime inoffizielle, die Sie anstreben dürfen.
- Bei der Auswahl der passenden Argumente haben Sie einen großen Spielraum. Sie können Zahlenmaterial vorstellen, Visionen entwerfen, Beispiele und Analogien einfließen lassen, mit abstrakten Aussagen operieren, wissenschaftliche Statements liefern oder den Bezug zur Praxis herstellen.
- Sachargumente sind wichtig. Unterschätzen Sie aber nicht die Kraft der Gefühlsargumente. Nur wenn Sie dem Publikum emotionale Bezüge liefern, werden Sie das Herz Ihrer Zuhörer erobern.
- Ihre Argumente können Sie eher sachlich-nüchtern oder emotional-bewegend präsentieren. Treffen Sie die richtige Gewichtung je nach Redeanlass und Publikum.
- Überschätzen Sie nicht die Aufnahmefähigkeit Ihres Publikums. Wenn Sie in einem Vortrag zwei bis drei Kernbotschaften vermitteln, ist dies schon eine gute Leistung. Bauen Sie Ihren Vortrag lieber um wenige Kernbotschaften herum auf, als ihn mit zu viel Informationen zu überladen.
- Geben Sie eine Vortragsstruktur vor. Sie erleichtern damit Ihrem Publikum die Einordnung Ihrer Ausführungen und verankern sie besser in deren Gedächtnis.
- Stellen Sie Ihre Kernbotschaften auch am Ende des Vortrages noch einmal heraus. Auf diese Weise ermöglichen Sie den Zuhörern, Erkenntnisse aus dem Vortrag »mitzunehmen«.

6

Körpersprache:
Stärken Sie Ihre Glaubwürdigkeit

Ein reflektierter Einsatz von Körpersprache hilft Ihnen dabei, Ihre Redeauftritte souveräner zu gestalten. Der persönliche Eindruck, den Sie bei Ihren Zuhörern hinterlassen, ist mit entscheidend dafür, wie Ihre Ausführungen ankommen. Lernen Sie, sich Ihrer Körpersprache bewusst zu werden, Störfaktoren auszuschalten und Ihre Glaubwürdigkeit zu steigern.

Viele Rednerinnen und Redner werden sich ihrer körpersprachlichen Signale erst bewusst, wenn es zu spät ist. Erst wenn der Vortrag »aus dem Ruder läuft«, merken sie, dass sie dem Stress nicht gewachsen sind und sie sich nicht mehr unter Kontrolle haben. In unseren Seminaren und Workshops stellen wir regelmäßig fest, dass Vortragende sich das Rednerleben selber unnötig schwer machen. Die körpersprachliche Komponente wird von untrainierten Rednern stets unterschätzt. Schlimm genug, dass die Wirkungen auf die Zuhörer nicht beachtet werden. Auch das eigene Wohlbefinden wird beeinträchtigt, wenn sich körpersprachliche Verspannungen aufbauen und den Vortragenden blockieren.

Ihr Körper spricht mit Ihnen Lernen Sie zu verstehen, was Ihr Körper anderen mitteilt, und auch, was er Ihnen sagen will. Es geht bei der Auseinandersetzung mit Körpersprache nicht um Schauspielerei. Wir werden nicht von Ihnen verlangen, Gesten einzustudieren, eine unpassende Mimik zu verwenden oder eine unglaubwürdige Haltung einzunehmen. Es gibt nicht die eine, einzig passende Körpersprache für jede beziehungsweise jeden. Zum einen sollte die von Ihnen verwendete Körpersprache zu Ihrem Temperament passen. Zum anderen auch zur Vortragssituation. Sie wissen aus eigener Erfahrung, dass Sie bei Themen, die Sie berühren, viel emotionaler auftreten als bei nüchternen Themen.

Wie Sie Ihre Auftritte lebendiger gestalten

Eine »aufgesetzte« Körpersprache kostet Sie nur Glaubwürdigkeit. Gehen Sie einen anderen Weg: Setzen Sie sich mit den häufigsten körpersprachlichen Blockaden von Rednern auseinander, und lernen Sie, wie Sie sich von ihnen befreien können. Probieren Sie unsere vorgestellten Tipps und Techniken zur Körpersprache aus, um auf der Bühne selbstbewusster agieren zu können. Erkennen Sie, wie Sie Ihre Redeauftritte lebendiger gestalten können.

Sympathiefaktor Körpersprache

In allen zwischenmenschlichen Kontakten, also auch bei Reden, Vorträgen und Präsentationen, spielt die Körpersprache eine herausragende Rolle. Die Haltung eines Menschen, seine Mimik, seine Gestik und sein Tonfall werden nicht ausgeblendet, wenn er zu seinen Zuhörern spricht. Im Gegenteil: Alle Informationen, die uns andere geben, werden auf zwei Ebenen vermittelt, der Sach- *und* der Beziehungsebene. Beide Ebenen sind nicht voneinander zu trennen. Neben den Informationen auf der Sachebene werden immer auch begleitende Informationen auf der Beziehungsebene gesendet. Diese wichtigen Zusatzinformationen geben Aufschluss darüber, welche Bedeutung der Redner seinen Worten geben will und welche Reaktionen er von seinem Publikum erwartet.

Berücksichtigen Sie die Sach- und Beziehungsebene

Häufig kommt es zu Missverständnissen, wenn sich die Zuhörer nicht über die Bedeutung des Gesagten klar werden können und etwas anderes verstehen, als der Redner ursprünglich mitteilen wollte. Präsentiert beispielsweise eine Abteilungsleiterin ihr neues Projekt und will ihre Mitarbeiter dazu bringen, engagiert eigene Ideen zu äußern, wird sie ihre Absichten nicht erreichen, wenn sie die Hände abwehrend von sich streckt, die Mitarbeiter mit strengem Blick mustert und mit drohendem Unterton in der Stimme fragt: »Wer von Ihnen hat noch Anregungen?«

Das »Wie« ist oft entscheidend Die Beziehungsebene ist besonders anfällig für Irritationen. Dies liegt vor allem daran, dass wir uns viele Gedanken darüber machen, was wir sagen, aber nur wenige darüber, wie wir etwas sagen. Dabei ist das »Wie« oft entscheidend dafür, wie eine Aussage ankommt. Zu den Signalen, welche die Beziehungsebene steuern, gehören der Tonfall, die Sprechgeschwindigkeit, die Lautstärke, die Mimik, die Gestik, die Körperhaltung und die räumliche Distanz zum Gesprächspartner. Diese Signale sagen oft mehr aus als die gesprochenen Worte. Sie funktionieren sogar ganz ohne verbale Unterstützung. Es handelt sich um eine eigenständige Sprache: die Körpersprache.

Nur den wenigsten Menschen ist wirklich bewusst, dass sie stets auf zwei Ebenen kommunizieren: mit Worten auf der Sachebene und mit der Körpersprache auf der Beziehungsebene. In unseren Workshops und Seminaren müssen wir den meisten Teilnehmern erst einmal wortwörtlich vor Augen führen, welche Informationen sie eigentlich vermitteln. Die Teilnehmer sind sich der Eindeutigkeit der Aussagen meist sicher, bis sie sich selbst auf einer Videoaufzeichnung sehen. Beim Betrachten der Aufzeichnungen sind viele überrascht, weil sie zum ersten Mal

Worte allein sagen nicht alles auf die körpersprachlichen Signale achten, die sie aussenden. Die Erkenntnis, dass ihr Körper eine so deutliche Sprache spricht, ist für viele Teilnehmer neu. Den guten Draht zum Publikum und dessen Sympathie kann man sich schnell verscherzen, wenn man unpassende körpersprachliche Aussagen macht. Wer anderen mit seiner Körpersprache mitteilt, dass er sie für unfähig, langweilig, bedeutungslos oder auch einschüchternd und Angst einflößend hält, kann nicht mit der Akzeptanz seiner Zuhörer rechnen.

Wir werden Ihnen anhand von typischen Beispielen aus Vortragssituationen vorstellen, wie durch Sympathiekiller negative Entwicklungen in Gang gesetzt werden können. Danach erfahren Sie, wie Sie eine glaubwürdige Körpersprache entwickeln können. Dadurch werden Ihnen Ihre eigenen, bisher unbewussten körpersprachlichen Signale bewusster werden. Sie lernen, ein Gespür für die Vortragssituation zu entwickeln und Ihr körpersprachliches Verhaltensrepertoire zu erweitern. So erreichen Sie ein tieferes zwischenmenschliches Verständnis und können Ihre Reden und Präsentationen angstfreier gestalten.

Ihre Körpersignale werden allmählich bewusster

Wenn Sie nach unseren Tipps und Hinweisen zur Körpersprache in Vortragssituationen auf den Geschmack gekommen sind und tiefer in diese faszinierende Materie eindringen möchten, empfehlen wir Ihnen unser Buch *Optimal präsentieren. So überzeugen Sie mit Körpersprache.* Sie erfahren dort, mithilfe von 62 Fotos, wie Sie Selbstabwertungen vermeiden, Aggressions- und Verlegenheitsgesten erkennen, Selbstblockaden auflösen und sich optimal in Szene setzen.

Die drückende Last des Vortrages

Auf den nun folgenden vier Fotos sehen Sie einen Redner, der den anstehenden Vortrag als drückende Last empfindet. Er schafft es nicht, seine Anspannung positiv aufzulösen, und kann daher keinen Draht zum Publikum aufbauen. Die mangelnde Selbstwahrnehmung des Vortragenden bringt ihn ins Stolpern und wirft ihn letztendlich aus der Bahn. Auch ohne Worte wird für alle sichtbar, dass der Redner mit seinem Redeauftritt überfordert ist.

Ein Vortrag sollte keine Last sein

Der Redner auf dem Foto 11 ist der vollen Aufmerksamkeit seiner Zuhörer ausgesetzt und fühlt sich dabei sichtlich unwohl. Er betritt die Bühne wie ein geschlagener Hund. Mit hochgezo-

genen Schultern und ängstlich umklammerter Aktentasche macht der Redner von Anfang an deutlich, dass er nicht freiwillig vor sein Publikum tritt.

Vortragende, die sich an Gegenständen fest halten, sei es eine Aktentasche, eine Präsentationsmappe oder eine Tischkante, wirken wie Kinder, die nur an der Hand ihrer Eltern auf Fremde zugehen. Schaut der Fremde ihnen womöglich noch in die Augen, klammern sie sich sofort an das Bein von Mutti oder Vati und erstarren vor Schreck. Auch hier wirkt der Redner, als hätte er gerade Tausende von leuchtenden Augen im dunklen Wald erspäht.

Ich stehe da, weil ich muss

Die volle Fokussierung der Zuhörer auf seinen Auftritt ist ihm unangenehm. Die Tasche mit den Vortragsinhalten dient ihm als Sicherheitsanker. Der vor den Bauch gepresste Gegenstand soll lebenswichtige Organe schützen. Seine hochgezogenen Schultern decken die empfindliche Halsschlagader ab. Der Redner drückt sein Kinn gegen die Brust, um den Kehlkopf vor **Der** Angriffen zu bewahren. Dass der Vortragende die Bühne am **Klammer-** liebsten gleich wieder verlassen würde, bleibt seinem Publikum **affe** nicht verborgen. Er wirkt gequält und scheint nicht bereit für eine Auseinandersetzung mit seinen Zuhörern zu sein. Diese werden ihm daher schon zu Beginn skeptisch gegenüberstehen. Unvoreingenommenheit zu erzielen oder gar Glaubwürdigkeit aufzubauen, dürfte dem Redner mit diesem Start schwer fallen.

Die Befürchtungen des Publikums werden bestätigt: Der Vortragende versucht, an ihnen vorbeizureden (Foto 12). Mit gesenktem Kopf liest er die Vortragsinhalte vom Blatt ab. Er ist nicht bereit oder nicht in der Lage, einen (Blick-)Kontakt zu den Zuhörern herzustellen. Immer noch klammert sich der Redner an einen vermeintlichen Talisman. Die Tasche hat er jetzt durch sein Vortragsskript ersetzt. Wie eine Barriere schwebt das Papier zwischen dem Vortragenden und seinem Auditorium. Da der Redner Blickkontakt vermeidet, kann er die Wirkung seiner Argumente nicht wahrnehmen. Lieber fährt er mit dem Finger die Textzeilen nach, als dem Publikum Aufmerksamkeit zu schenken.

**Publikum?
Was für ein Publikum?**

Die Zuhörer fühlen sich abgemeldet, sie werden sich selbst überlassen. Diese (Vor-)Lesung ist keine Rede an ein Publikum, sondern über dessen Köpfe hinweg. Es wird nicht lange dauern, bis sich Unruhe und Unmut einstellen werden. Zuhörer, die nicht als mitdenkende Wesen angesprochen werden, machen selber auf sich aufmerksam. Auf diese Weise holt sich der Redner Störungen in den Vortrag hinein, die ihm sonst erspart geblieben wären. Für die Zuhörer bestätigt sich, was sich schon

Ignoranz wird sich rächen

beim Betreten der Bühne abzeichnete: Dieser Redner empfindet sein Publikum als Störfaktor und würde es am liebsten aus dem Vortrag ausblenden.

Auf dem Foto 13 ist zu sehen, wie die »Vogel-Strauß«-Taktik des Redners mit der ersten Frage aus der Zuhörerschaft durchkreuzt worden ist. Er kann nicht mehr weiter den Kopf in den Sand stecken. Nun muss er auf sein Publikum eingehen, was ihm sichtlich Schwierigkeiten bereitet. Verlegen kratzt sich der Vortragende am Kopf und signalisiert so, dass ihn die Frage aus dem Publikum völlig aus dem Konzept gebracht hat. Die hochgezogenen Augenbrauen dokumentieren ebenfalls seine Ratlosigkeit. Nun rächt es sich, dass der Redner seinen Vortrag am Publikum vorbei durchziehen wollte. Statt flexibel zu bleiben, hat sich der Vortragende in ein so enges Redekorsett geschnürt, dass es ihm jetzt schwer fällt, angemessen zu reagieren.

Dozierte Weisheiten

13

Suche nach Erkenntnis

Mit verkniffenem Mund macht der Redner deutlich, dass er sich weigert, Worte ans Publikum zu richten, die nicht in seinem Manuskript vorgesehen sind. Er hat sichtlich Probleme, mit den Zuhörern in einen Dialog einzutreten. Das Vorgehen des Redners wird vom Wunschdenken »Ich rede, die anderen schweigen« beherrscht. Heutzutage lassen sich aber keine Weisheiten mehr von der Kanzel herunter predigen. Die Zuhörer haben ein Recht darauf, Vortragsinhalte zu hinterfragen. Machen sie von diesem Recht Gebrauch, ist dies eigentlich positiv zu werten, denn nur so wird ein wirkliches Interesse am Thema deutlich. Unser Vortragender ist aber nicht in der Lage, die Anmerkung oder Zwischenfrage als Interesse zu deuten. Er fühlt sich überrumpelt und bloßgestellt. Deshalb nutzt er auch sein Redemanuskript und bedeckt schnell seinen Unterleib. Wer will sich schon vor der versammelten Mannschaft eine Blöße geben?

Das Flehen um Erleuchtung

Da der Vortragende das Publikum jetzt nicht mehr ignorieren kann, geht er auf dem Foto 14 in eine Abwehrhaltung. Er verschränkt die Arme vor der Brust, um die Einwürfe aus dem Publikum nicht an sich heranzulassen. Dieses »klassische« Abblocken ist eindeutig: Die Diskussion ist beendet. Noch bevor sie begonnen hat, teilt der Redner seinen Zuhörern mit: Nicht mit mir!

Immer noch kann sich der Vortragende nicht von seinem Manuskript trennen, obwohl es ihm schon längst nicht mehr die Informationen vermittelt, die er für den Fortgang des Vortrages braucht. Die Augen suchen die argumentative Schützenhilfe jetzt nicht mehr im Manuskript, sondern in himmlischen Gefilden. Mit nach oben gerichteten Augäpfeln fleht der Redner um Erleuchtung. Es

Bleibt mir vom Leib!

ist zu hoffen, dass die erwartete Unterstützung »von oben« den rettenden Einfall schickt. Wenn nicht, sieht es schlecht aus für den Redner. In der Erstarrung, in der er sich momentan befindet, besteht die Gefahr, dass er immer mehr statischen Druck aufbaut. Die vor der Brust verschränkten Arme werden nach und nach immer mehr gegen die Brust gepresst. Dann wird die Luft knapp. Ein Blackout könnte die Folge sein.

Seien Sie offen und gelassen

Ein befreiter Auftritt

Die entspannte seitliche Grundstellung

Mithilfe einer passenden körpersprachlichen Unterstützung lassen sich Vorträge besser bewältigen. Der Redner auf den Fotos 15–18 hat sich mit seiner Körpersprache auseinander gesetzt. Er weiß, wie er es vermeidet, sich unter Druck zu setzen, und was er tun kann, um die Redeerregung in den Griff zu bekommen. Das Publikum sieht er nicht als überflüssiges Beiwerk oder womöglich als Feind. Er sucht den Kontakt zu seinen Zuhörern und findet ihn auch.

Gelöst tritt der Redner vor sein Publikum, siehe Foto 15. Er ist sich über die Wirkungen des wichtigen ersten Eindrucks im Klaren. Unbelastet hat er sich zwischen dem Beamer und dem Flipchart positioniert. Da der Redner um die erhöhte Anspannung in der Anfangsphase weiß, vermeidet er es, dem Publikum frontal gegenüberzutreten. Er stellt sich leicht seitlich hin. Der linke Fuß ist zurückgesetzt, der Kopf wird aber bewusst der Zuhörerschaft zugewandt. Mit dieser Auftrittshaltung vermeidet es der Vortragende, Konfrontation zwischen sich und dem Publikum aufzubauen. Er weiß, dass er selbst am meisten unter dem falschen Eindruck einer Kampfsituation leiden würde.

Sammeln Sie Sympathie- punkte

Seitlich gestellt und mit der den Zuhörern zur Begrüßung entgegengebrachten rechten Hand, nimmt er Stress von sich und kann so das Publikum mit einem befreiten Lächeln begrüßen. Sein Auftritt ist souverän und einnehmend. Auch der bewusst zum Auditorium aufgebaute Blickkontakt betont die Gemeinschaft zwischen Vortragendem und Publikum. So gelingt ein unbelasteter Start in den Vortrag. Und die ersten Sympathiepunkte sind bereits gesammelt.

Dadurch, dass der Redner die seitliche Grundstellung eingenommen hat und frei referiert, hat er sich Spielraum für eine lebendige Gestik geschaffen. Auf dem Foto 16 liefert er seinem Publikum eine Aufzählung, die er mit passenden Gesten unterstützt. Die linke Hand zeigt die Zahl der Argumente (erstens, zweitens, drittens), mit dem Zeigefinger der rechten Hand weist der Redner dann auf das Kernargument (hier: zweitens) hin. Diese körpersprachliche Hervorhebung fesselt die Aufmerksamkeit des Publikums. Verbale Ausführungen des Vortragenden werden mit visuellen Reizen unterstützt. Es wird deutlich, was dem Redner wichtig ist.

Spielraum für lebendige Gestik

Wie auch zu Anfang seines Vortrages achtet der Referent auf eine möglichst spannungsfreie Körperhaltung: Er vermeidet es, sich festzuklammern, die Schultern hochzuziehen, Fäuste zu ballen, die Arme ineinander zu verschränken oder die Hände in die Hüften zu stemmen. Er kann seine Thesen entspannt vortragen, trotzdem wird sein Engagement deutlich.

Auf den Punkt gebracht

Ganz deutlich ist zu sehen, dass die Auflösung körpersprachlicher Blockaden der entscheidende Schritt zu einem lebendigen, individuellen Ausdruck ist. Vortragende, die mit Unsicherheitsgesten den Druck auf sich erhöhen, mit Angriffsgesten das Publikum provozieren oder körperliche Verspannungen bis zum Blackout anwachsen lassen, verleiden sich und den Zuhörern die Ausführungen. Die Persönlichkeit des Redners wird körpersprachlich in Ketten gelegt.

Sprengen Sie diese Fesseln: Vermeiden Sie es, sich selbst zu blockieren. Sobald Ihre Hände Spielraum gewinnen, werden Sie automatisch eine zu Ihrem Typ passende Gestik

Blockaden sollten wieder aufgelöst werden entwickeln. Geben Sie Ihrem persönlichen Ausdruck eine Chance, indem Sie sich aus selbst geschaffenen Zwängen befreien.

Auch wenn wir empfehlen, in Vorträgen grundsätzlich auf eine kooperative Atmosphäre hinzuarbeiten, heißt dies nicht, Auseinandersetzungen zu scheuen. Besonders wenn einzelne Zuhörer versuchen, das Geschehen an sich zu reißen, sind die Führungsqualitäten des Vortragenden gefragt: Auch Zuhörer brauchen Grenzen.

Sie sehen auf dem Foto 17, wie der Redner den Monolog eines Zuhörers stoppt. Mit der hochgehobenen rechten Hand

unterbricht er den Rede-
schwall. Er tritt bestimmt
auf, ohne den Quälgeist aus
dem Publikum persönlich
anzugreifen. Diese positiven
Wirkungen von Stoppgesten
überraschen unsere Seminarteilnehmer immer wieder
aufs Neue. Der gesetzte körpersprachliche Block ist sehr
zuverlässig, meistens reicht
es schon, die Hand nur nach
oben anzuwinkeln. Bei reni-
tenteren (Da-)Zwischenred-
nern kann der Arm mit der
angewinkelten Hand noch
nach vorne in deren Rich-
tung geschoben werden, um
für Ruhe zu sorgen. In das
entstehende Schweigen hinein kann dann vom Redner
die Gesprächsinitiative zu-
rückgewonnen werden. Wer-

Freundlich ausgebremst

den Stoppgesten mit Sätzen begleitet wie »Einen Moment, ich
bitte Sie, Ihre Anmerkungen bis zur Diskussion zurückzustellen!« oder »Stopp, die Zeit läuft uns davon. Lassen Sie mich **Behalten Sie**
erst meine Ausführungen zu Ende bringen!«, sind sie äußerst **die Initiative**
wirkungsvoll.

Genießen Sie es, wenn Sie einen guten Draht zum Publikum
aufgebaut haben. Ist der Vortrag erst einmal im Fluss, wird er
für den Redner zum Genuss. Die grundsätzliche Akzeptanz des
Publikums verschafft ihm Freiräume bei der Präsentation seines Anliegens. Er kann lenken, hervorheben, kritisieren oder
integrieren. Auch der Redner auf dem Foto 18 hat eine gute

Offen und ehrlich

Beziehung zu seinen Zuhörern aufgebaut. Man sieht ihm das Vergnügen an, das es ihm bereitet, seine Argumente gegenüber einem Publikum darzulegen. Ein strahlendes Lächeln schwört Zuhörer und Redner auf ein gemeinsames Handeln ein. Die zum Publikum gerichteten Handflächen signalisieren Offenheit. Der Redner dokumentiert nicht nur mit seinen Worten, sondern auch mit seinem Auftreten: »Wir schaffen es!«

Sie haben gesehen, welch unterschiedliche Wirkungen die Körpersprache im Vortrag auslösen kann. Nutzen Sie die Macht der Körpersprache, um das Publikum für sich zu gewinnen und Ihren Argumenten mehr Gewicht zu verleihen. Beschränken Sie sich in Ihrer Vorbereitung nicht allein auf eine Auseinandersetzung mit dem Sachthema. Setzen Sie sich auch mit sich selbst und Ihrer Wirkung auf andere auseinander. Gehen Sie **Steigern Sie** dabei Schritt für Schritt vor. Es nützt nichts, alles auf einmal zu **Ihre Körper-** wollen und sich auf diese Weise zu überfordern. Entwickeln Sie **wahr-** zuerst einmal ein Gespür dafür, wie Sie sich unter Redestress ver- **nehmung** halten. Neigen Sie eher zu Unsicherheitsgesten, oder verwenden Sie Angriffsgesten? Bauen Sie körperliche Verspannungen auf? Es ist wichtig, die eigene Körperwahrnehmung in Redesituationen zu steigern. Nur wenn Sie einen Draht zu sich selbst finden, werden Sie auch einen Draht zum Publikum aufbauen können.

Körpersprache: Stärken Sie Ihre Glaubwürdigkeit

- Nicht nur das, was Sie sagen, ist wichtig, sondern auch das Wie. Setzen Sie sich deshalb vor Redeauftritten mit Ihrer Körpersprache auseinander.
- Es gibt in jedem Vortrag eine Sach- und eine Beziehungsebene. Körpersprachliche Signale beeinflussen die Beziehungsebene stark. Informationen lassen sich nicht wertfrei vermitteln. Der persönliche Draht zum Publikum lässt sich nicht ausblenden.
- Zur Körpersprache gehören die Haltung eines Menschen, seine Mimik, seine Gestik, die räumliche Distanz, die Sprechgeschwindigkeit und der Tonfall.
- Der gezielte Einsatz von Körpersprache ist wichtig. Körpersprachliche Aussagen können als Sympathiekiller wie auch als Sympathieverstärker wirken.
- Vortragssituationen setzen Redner unter Druck. Je nach Persönlichkeit lassen die einen ihren Emotionen freien Lauf; die anderen blocken ab und ziehen sich zurück.
- Sowohl Unsicherheits- als auch Angriffsgesten kosten Vortragende Glaubwürdigkeit. Die Ausführungen dürfen nicht durch die Körpersprache konterkariert werden.
- Eine Auseinandersetzung mit Körpersprache hat nichts mit Schauspielerei zu tun. Es geht nicht darum, Gesten auswendig zu lernen, sondern vielmehr darum, sich von körpersprachlichen Blockaden zu befreien.
- Sprengen Sie die körpersprachlichen Fesseln. Geben Sie Ihrem persönlichen Ausdruck eine Chance.

7

Die hohe Schule der Dialektik: souverän auf Störfeuer reagieren

Zeit für ein wenig Sport: In diesem Kapitel stellen wir Ihnen Rhetorik à la Kung-Fu vor. Sie werden lernen, Gegner ins Leere laufen zu lassen. Damit Sie Ihre Energie nicht unnötig verschwenden, werden wir Ihr Gespür dafür entwickeln, in welchen Fällen tatsächlich ein Angriff erfolgt, oder ob es sich nur um scheinbare Angriffe handelt. Akzeptieren Sie, dass es zu bestimmten Themen mehrere Meinungen geben kann, aber geben Sie Ihre Sicht der Dinge nicht auf.

Nicht jeder Zwischenruf ist feindselig

Vielen Rednerinnen und Rednern prangt schon der Angstschweiß an der Stirn, wenn sie sich nur vorstellen, dass sie in ihrem Vortrag mit Fragen aus dem Publikum konfrontiert werden. Schlimm genug, dass man alleine vor der Gruppe stehen muss und dem Publikum ausgeliefert ist. Wenn dann aber noch einzelne Zuhörer den Redner in die Zange nehmen, befürchten Vortragende, dass sie vorgeführt werden sollen. Das Vertrauen in die eigenen Abwehrkräfte ist meistens nur schwach ausgeprägt. Daher beginnen viele Redner bei Zwischenbemerkungen und Nachfragen schnell damit, um sich zu schlagen. Die Absicht, sich der eigenen Haut zu erwehren, verkehrt sich allerdings oft ins Gegenteil: Durch harsche Reaktionen vom Rednerpodium wird das Publikum oft erst aufgewiegelt. Nicht hinter jedem Zwischenruf verbirgt sich nämlich eine Anfeindung.

Erwartungshaltung und Wirklichkeit

Für viele unserer Seminarteilnehmer ist die zentrale Frage bei ihrer Auseinandersetzung mit Redeauftritten: »Was mache ich, wenn das Publikum über mich herfällt?« Die Einschätzung, dass Redner in ihren Vorträgen einen Kampf mit dem Publikum aufnehmen müssen, scheint sich nicht aus den Köpfen vertreiben zu lassen. Den Albtraum, dass das Publikum erst das Thema und dann den Vortragenden auseinander nimmt, schleppen viele mit sich herum. Dabei sind Angriffe auf Redner aus den Reihen der Zuhörer eher selten. Vorstellungswelt und Realität klaffen auseinander. Bevor ein Publikum sich einen Redner »richtig vornimmt«, muss sich dieser schon einiges an Provokationen geleistet haben.

Zuhörer greifen Redner sehr selten an

Vermutete Angriffe

Ein großes Problem liegt darin, dass der Stress, der in der Redesituation unvermeidlich auftaucht, zu Fehldeutungen von Publikumsreaktionen verleitet. Auch simple Nachfragen werden von gestressten Rednerinnen und Rednern schnell als Angriff auf die eigene Person oder Kompetenz missverstanden. Oft genügt es schon, wenn ein einzelner Zuhörer den Gang zur Toilette antritt und deshalb schweigend den Raum verlässt. Schon fühlt sich mancher Redner als Mensch abgelehnt. Je nach Persönlichkeitsstruktur denken diese Vortragenden dann entweder »Wie kann der Mensch es wagen, meine Ausführungen mit Missachtung zu strafen?« oder »Mein Gott, langweile ich die Zuhörer so sehr, dass sie schon anfangen, den Raum zu verlassen?«.

Bewerten Sie Reaktionen nicht über

In einer Situation, die von vornherein als Kampf eingeschätzt wird, genügt der leiseste Funke, um das Pulverfass hochgehen zu lassen. Alle Signale aus dem Publikum werden dann als feindliche Handlungen definiert, was viele Redner zu einer Vorwärtsverteidigung veranlasst. Nach dem Motto »Bevor ich gleich geschlagen werde, schlage ich lieber zuerst« werden die Zuhörer dann von Anfang an mit Angriffssalven eingedeckt. Diese Vorgehensweise führt dann tatsächlich zu feindseligen Reaktionen aus dem Publikum. Der Redner tappt in die Falle der selbst erfüllenden Prophezeiung und wird die Geister nicht mehr los, die er rief. Sätze wie diese werden oft unbedacht geäußert:

**Vorwärts-
verteidigung**

Beispiele

**Negativ-
beispiele**

Volles Rohr

- »Vielleicht könnte das Geraschel mit den Unterlagen endlich einmal aufhören. Wenn ich noch länger warten muss, bis Sie bereit sind zuzuhören, verschenke ich kostbare Zeit.«
- »Ich weiß, dass viele von Ihnen noch immer von der Vergangenheit träumen. Damit werde ich in meinem Vortrag aufräumen. Ich bin angetreten, um Ihnen Ihre Illusionen zu nehmen.«
- »Wer von Ihnen glaubt, mit der bisher gelebten Beamtenmentalität die Herausforderungen der Zukunft angehen zu können, dem wird ab jetzt ein eisiger Wind entgegenwehen.«

Vielen Rednern ist gar nicht bewusst, dass sie unter Stress dazu neigen, ihr Publikum oder Teile davon anzugreifen. Die Aufregung hat sie voll im Griff, und es passiert auch eigentlich ganz verträglichen Zeitgenossen, dass sie unter dem Druck der Vortragssituation auf die Zuhörer losgehen. Um das Publikum nicht gegen sich aufzubringen, müssen Redner zunächst einmal ein Bewusstsein dafür entwickeln, dass sich bei Vorträgen immer auch eine gewisse Anspannung einstellt. Der nächste Schritt ist es, zu erkennen, dass man selbst die Vortragssituation deeskalieren kann, indem man Druck von sich nimmt. Es gilt, vermutete Angriffe aus dem Publikum von tatsächlichen zu unterscheiden.

Obwohl die tatsächlichen Angriffe vordergründig als das größere Übel gelten, bereiten die vermuteten Angriffe Vortragenden oft viel mehr Schwierigkeiten. Dies rührt nicht zuletzt daher, dass die meisten Menschen wenig oder keine Erfahrungen im Umgang mit einem Publikum haben. Wir erleben beispielsweise immer wieder, dass Redner völlig überfordert reagieren, wenn ihnen ihre Zuhörer mit gerunzelter Stirn, hochgezogener Oberlippe und verengten Augen gegenübersitzen. Diese körpersprachlichen Signale werden üblicherweise als ablehnende Feindseligkeit missinterpretiert. Oftmals drückt sich dadurch aber nur die interessierte Aufmerksamkeit der Zuhörer aus. Wer konzentriert zuhört, fokussiert seine Wahrnehmungskanäle, was dann auch körpersprachlich sichtbar wird. Man möchte den Redner scharf stellen und schaltet die Ohren auf vollen Empfang. Mit Angriff hat das nichts zu tun.

Fehlgedeutetes Interesse

Leider lassen sich viele Rednerinnen und Redner durch vermutete Angriffe zu überzogenen Reaktionen verleiten, die den guten Draht zwischen ihnen und den Zuhörern zerstören. Ihr Ziel sollte daher sein, möglichst gelassen zu agieren. Bauen Sie keine Feindbilder auf. Machen Sie sich bewusst, dass die Zuhörer generell an Ihnen und Ihrem Vortrag interessiert sind, sonst hätten sie auf das Anhören Ihrer Ausführungen wahrscheinlich verzichtet. Lösen Sie sich von der Einstellung, dass das Publikum in der Hauptsache aus Zweiflern, Kritikern und Besserwissern besteht. Begreifen Sie Ihr Publikum als das, was es ist: eine Ansammlung von Informationssuchenden, die Ihrer Anleitung bedürfen, um sich ein Thema erschließen zu können. Verankern Sie dieses neue Bild in Ihrem Bewusstsein. Suggerieren Sie sich des Öfteren in der Vorbereitungsphase, aber auch kurz vor dem eigentlich Auftritt: »Das Publikum ist interessiert!« Mit dieser Formel wird es Ihnen leichter fallen, angemessen zu reagieren, wenn in Ihren Vorträgen Verständnisfragen laut werden, Diskussionsbedarf aufkeimt oder Störungen auftreten.

Ihr Ziel: gelassen zu reagieren

Störungen im Griff Zu den Störungen zählen alle Ereignisse, die nicht mit dem eigentlichen Vortrag zu tun haben, aber die Zuhörer dennoch davon abhalten, Ihnen die ungeteilte Aufmerksamkeit zu schenken. Auf Störungen müssen Sie eingehen, bevor diese ein Eigenleben entwickeln und sich zum Flächenbrand ausweiten.

Gehen Sie auf Störungen ein

Planen Sie beispielsweise eine längere Präsentation, haben aber im Zuhörerkreis mehrere Raucher sitzen, sollten Sie kurze Pausen einstreuen. Sonst entsteht Unruhe, die Ihren Vortrag stören würde.

Wenn einzelne Zuhörer immer wieder versuchen, ihre Sitzposition zu ändern, kann es sein, dass ihnen der Blick auf die Präsentationsfläche verstellt oder sie geblendet werden. Gehen Sie auf die Störung ein. Bieten Sie beispielsweise an, den Platz zu wechseln, oder lesen Sie die Präsentationsinhalte laut vor.

Mehr als einmal haben wir auch erlebt, dass die Aufmerksamkeit der Zuhörer auf den Nullpunkt sinkt, weil schlicht und einfach der Sauerstoff im Raum verbraucht war. Es ist dann notwendig, einen Zuhörer zu bitten, das Fenster zu öffnen.

Die kleinen Ursachen können große Wirkungen entfalten. Ihre Rednerkompetenz zeigt sich unter anderem daran, wie Sie mit Störungen umgehen. Werten Sie die Reaktionen des Publikums als Ablehnung Ihrer Vortragsinhalte, tun Sie ihm erhebliches Unrecht. Kümmern Sie sich lieber darum, die Störungen auszuschalten. So ermöglichen Sie sich und den Zuhörern ein konzentriertes Arbeiten am Thema.

Kleine Ursachen haben große Wirkungen

Verständnisfragen schnell geklärt Zu den Bemerkungen aus dem Publikum, die ebenfalls oft zu Unrecht mit Attacken verwechselt werden, gehören Verständnisfragen. Verständnisfragen sollten Sie umgehend beantworten, sonst akzeptieren Sie, dass einzelne Zuhörer aus Ihrem Vortrag aussteigen. Antworten Sie aber immer knapp, steigen Sie nicht in detaillierte Ausführungen ein, um Ihren Vortrag nicht zu zerreißen. Zu den typischen Verständnisfragen gehören die Bitte um Erläuterung von Fachtermini, die Übersetzung von Fremdwörtern und die Erklärung von Abkürzungen.

Diskussionen gehören ans Ende Zuhörer, die mit Ihnen über Ihre Ausführungen diskutieren wollen, müssen Ihnen nicht feindlich gesinnt sein. Oft sind sie sogar besonders engagiert und überdurchschnittlich an Ihren Ausführungen interessiert. Wenn Sie merken, dass Diskussionsbedarf besteht, sollten Sie am Ende Ihres Vortrages die Möglichkeit zu einem Gedankenaustausch einrichten. Machen Sie deutlich, dass Sie an den Meinungen Ihrer Zuhörer interessiert sind. Lassen Sie sich aber nicht den Vortrag aus der Hand nehmen. Stellen Sie deshalb die Diskussion ans Ende.

Diskutierfreudige Zuhörer sind oft irritiert

Vermutete Angriffe auflösen

Grundeinstellung: Weg vom Feindbild, hin zum Informationssuchenden, der angeleitet werden will. Beispielsweise unmittelbar vor dem Vortrag autosuggerieren: »Das Publikum ist interessiert!«

Störungen: Auf Störungen eingehen. Beispielsweise Overheadprojektor scharf stellen bei blinzelnden Zuhörern, Fenster öffnen bei kollektivem Gähnen, kurze Pause bei unruhigen Rauchern.

Übersicht 5

Verständnisfragen: Sachfragen sofort beantworten. Beispielsweise Zwischenfrage: »Was bedeutet DSL?«, Antwort: »Digital Subscriber Line.«

Widerspruch: Aufkommende Diskussionen ans Ende des Vortrages schieben. Beispielsweise: Zwischenruf: »Ihre

Tatsächliche Angriffe

Gelegentlich gibt es Vortragssituationen, in denen Sie tatsächlichen Angriffen ausgesetzt sind. Es gibt Redner, die sich darauf freuen, wenn es richtig hoch hergeht. Diese nervenstarken »Fighter« genießen es, gegen Widerstände anzugehen, Tabus zu brechen und Diskussionen anzuschieben. Vertreter dieser Spezies sind allerdings recht selten anzutreffen. Nerven wie Drahtseile lassen sich noch nicht klonen. Sie müssen mit Ihrem Nervenkostüm leben, deshalb empfehlen wir Ihnen, sich eher am Vorbild der »asiatischen Kampftechnik« zu orientie-

Asiatische Vortragskunst ren.

Lassen Sie Attacken ins Leere laufen. Nutzen Sie den Angriffsschwung des Gegners, um ihn ins Stolpern zu bringen. Treten Sie einen Schritt zur Seite, wenn Ihr Gegner auf Sie losstürmt. Widerstehen Sie der Versuchung, in den Nahkampf einzusteigen, achten Sie darauf, den Angreifer auf Distanz zu halten. Setzen Sie geschickte Abwehrtechniken ein, um Angriffe abzuwehren. Ein gezielter »rhetorischer« Schlag zum richtigen Zeitpunkt bringt Ihnen mehr als endloses aufeinander Einschlagen.

Beispiele

Rhetorik à la Kung-Fu

- Angriff: »Als Mann der Praxis sage ich Ihnen schon jetzt voraus, dass Ihre Ausführungen sich zwar schön anhören, aber in der Praxis scheitern werden.«

- *Falsche Kampfhandlung:* »Wenn Sie es nicht schaffen, mal über den Tellerrand zu blicken, heißt das noch lange nicht, dass die anderen ihren Denkapparat ebenfalls ausschalten müssen.«

- *Geschickte Abwehr:* »Geben Sie dem Konzept eine Chance. Wenn wir zusammenarbeiten, werden wir die Sache zum Laufen bringen. Es wäre doch schade, wenn das neue Konzept an einer Verweigerungshaltung scheitern würde.«

- *Angriff:* »Nehmen Sie Ihre Spar-Appelle gefälligst ernst, und ersparen Sie uns den Rest des Vortrages.«

- *Falsche Kampfhandlung:* »Sie sind der Erste auf meiner Abschussliste, wenn ich das Konzept durchbringe.«   Beispiel 2

- *Geschickte Abwehr:* »Das Thema scheint Sie stark zu emotionalisieren. Nennen Sie uns doch einmal den Grund für Ihre Aufgeregtheit. Was könnte man denn Ihrer Meinung nach tun, um das Problem in den Griff zu bekommen?«

- *Angriff:* »Ich kann mir Ihren Quatsch nicht mehr länger anhören.«

- *Falsche Kampfhandlung:* »Es steht Ihnen frei, den Raum zu verlassen.«   Beispiel 3

- *Geschickte Abwehr:* »Sie müssen meine Meinung nicht teilen. Das Konzept ist allerdings von der Geschäftsführung abgesegnet. Ich glaube, dass Sie sich selbst keinen Gefallen tun, wenn Sie es kategorisch ablehnen.«

Wenn Sie sich in Ihren Vorträgen auf Kämpfe einlassen, riskieren Sie immer Verletzungen. Auch wenn man Sie nicht ausknockt, wird doch zumindest Ihre Rednersouveränität angekratzt. Lassen Sie sich deshalb lieber nicht auf unproduktive **Kämpfe sind** Streitgespräche ein. Länger andauernde Auseinandersetzungen **unproduktiv** mit einzelnen Zuhörern sind immer eine Gefahr für den Vortrag. Die schweigende Mehrheit fühlt sich nach kurzer Zeit nicht mehr wahrgenommen und ausgegrenzt.

Reagieren müssen Sie bei tatsächlichen Angriffen dennoch, sonst laufen Sie Gefahr, dass ein einzelner »Streithammel« sich zum Leiter der (Zuhörer-)Herde aufschwingt. Verteidigen Sie Ihren Vortrag, aber lassen Sie sich nicht persönlich angreifen. Um souverän reagieren zu können, stehen Ihnen folgende Techniken zur Verfügung:

- auf die Meta-Ebene wechseln
- Reaktion zurückstellen
- Attacken ausblenden
- Unterstützung des Publikums einholen

- abstrahieren
- konkretisieren
- Autoritäten berufen
- zurückfragen

Auf die Meta-Ebene wechseln

Um Streitsituationen zu glätten oder ihnen aus dem Weg zu gehen, bietet es sich an, die Meta-Ebene zu nutzen. Der Wechsel auf die Metaebene bedeutet, dass Sie nicht auf den Inhalt der Zwischenbemerkung eingehen, sondern thematisieren, wie der Störer seine Anmerkung anbringt und was ihn dazu veranlasst haben könnte. So schaffen Sie es, »über den Dingen zu stehen« und sich nicht in den Niederungen verbaler Schlammschlachten zu verlieren.

Ein Zuhörer mit Emotionen

- Angriff: »Wir sollen also den Kopf hinhalten für die Fehlentscheidungen der Geschäftsleitung, so läuft das nicht.«

Beispiel

- *Auf die Metaebene gewechselt:* »Sie scheinen mir etwas aufgebracht zu sein. Dafür habe ich Verständnis, nicht aber für einseitige Schuldzuweisungen. Lassen Sie uns nicht nur in guten, sondern auch in schwierigen Zeiten zusammenhalten.«

Reaktion zurückstellen

Bei Vorträgen ist es ganz wichtig, dass Sie sich nicht aus dem Tritt bringen lassen. Achten Sie darauf, Ihr Vortragskonzept durchzubringen, Sie können und müssen nicht auf jeden Einwand auf der Stelle reagieren. Sind Sie der Meinung, dass der Zwischenruf eine gewisse Berechtigung hat, können Sie anbieten, zu einem (Ihnen) passenden Zeitpunkt auf die Bemerkung einzugehen.

Bringen Sie Ihr Vortragskonzept durch

Jetzt nicht!

- Angriff: »So einfach wie Sie kann man es sich nicht machen. Sie haben die logistischen Probleme völlig ausgeklammert.«

- *Anmerkungen zurückstellen:*»Die logistischen Fragestellungen sind ein wichtiger Punkt. Wenn uns am Ende des Vortrages noch Zeit bleibt, werde ich gerne Ihre Anregungen aufnehmen.«

Beispiel

Attacken ausblenden

Wenn Sie ankündigen, dass Sie auf Anmerkungen später eingehen werden, wird das Publikum von Ihnen erwarten, dass Sie dies auch tun. Falls Sie sich mit Zwischenrufen und Provokationen überhaupt nicht auseinander setzen wollen, sollten Sie freundlich, aber bestimmt die Rote Karte zücken. Machen Sie deutlich, dass Sie auf unpassende Anmerkungen oder persönliche Angriffe in gar keiner Weise erst eingehen wollen und werden.

Abgeblockt

– Angriff: »Ihre Meinung ist unqualifiziert.«

– *Attacke ausblenden:* »Das wird die Zukunft zeigen. Wir kommen in der Sache nicht weiter, wenn wir jetzt anfangen, uns gegenseitig zu diskreditieren.«

Beispiel

Unterstützung des Publikums einholen

Sie sollten als Vortragender Ihr Thema im Griff haben. Das bedeutet aber nicht, dass Sie alles wissen müssen. Statt sich in ausweichende Floskeln zu flüchten, kann es durchaus ratsam sein, die Kompetenzen der Zuhörer in den Vortrag einzubinden. Sie nehmen Druck von sich, wenn Sie einer Anfeindung damit begegnen, dass Sie das Publikum zu einer Meinungsäußerung auffordern. Setzen Sie dieses Mittel aber sparsam ein. Bei zu häufiger Verwendung wird das Publikum Ihnen sonst die Vortragskompetenz absprechen. Das Publikum mit einzubeziehen kann sehr wirkungsvoll sein, um einzelne Störer zu befrieden.

Die Kraft der Masse

– Angriff: »Sie scheinen mir nicht genügend mit dem Thema vertraut zu sein. Die wirklich wichtigen Punkte haben Sie bisher überhaupt noch nicht angesprochen.«

Beispiel

– *Unterstützung einholen:* »Ich weiß, dass hier im Publikum viele Experten sitzen, die uns sicherlich noch den einen oder anderen Hinweis geben können. Daher möchte ich die Frage, auf welche Aspekte wir noch eingehen müssen, ins Publikum geben.«

Abstrahieren

Ein probates Mittel, um Vorwürfen aus dem Weg zu gehen, ist, auf Allgemeinplätze auszuweichen. Sie kennen diese Vorgehensweise aus Interviews mit Politikern, die alles Mögliche thematisieren, aber niemals auf die Frage eingehen, die ihnen gestellt wurde. Auch Sie können dieses Mittel nutzen. Statt auf einen konkreten Missstand, der Ihnen vorgeworfen wird, einzugehen, schalten Sie den Nebelwerfer ein. Reagieren Sie auf Vorwürfe mit Äußerungen, denen jeder zustimmen kann, die aber den konkreten Problemfall außer Acht lassen.

Geschickte Verallgemeinerung

- Angriff: »Sie vertreten hier Ansichten, die noch in keiner Weise mit den anderen Abteilungen besprochen wurden. Ich verwahre mich dagegen, so von Ihnen übergangen zu werden.«

- *Auf die Abstraktionsebene gehoben:* »Es ist natürlich generell schlecht, wenn nicht alle Beteiligten an einen Tisch geholt werden. Vielleicht hat es auch Versäumnisse in der Informationspolitik gegeben. Ich kann Ihnen nur versichern, dass mir persönlich Ihre Meinung sehr wichtig ist.«

Beispiel

Konkretisieren

Mit Einzelfällen schaffen Sie es immer, allgemeingültige Aussagen zu konterkarieren. Nicht nur in sozialpädagogischen Zirkeln wird »Betroffenheit« oft genutzt, um sich einer inhaltlichen Diskussion zu entziehen. Konfrontiert man Sie mit Alternativkonzepten oder Gegenvorschlägen, können Sie diese leicht entkräften, wenn Sie ausgewählte Beispiele dagegenstellen, welche die Äußerungen der Gegenseite entwerten. Mit

Der Trick mit der Betroffenheit

auch nur einer einzelnen Ausnahme von der Regel können Sie unliebsame Theorien schnell zu Fall bringen.

Mit Einzelfällen zu Fall gebracht

- Angriff: »Ihre hausbackenen Konzepte bringen uns doch nicht weiter, wir müssen uns endlich der Innovationskraft amerikanischer Management-Methoden bedienen.«
- *Durch Konkretisierungen entkräftet:* »Kennen Sie überhaupt die amerikanische Wirklichkeit? Ich weiß, dass in Amerika viele Unternehmen gerade wegen der von Ihnen beschworenen Methoden untergegangen sind.«

Autoritäten berufen

Wenn man Sie angreift, können Sie Verstärkung anfordern: Berufen Sie sich auf Autoritäten, um Provokateuren den Wind aus den Segeln zu nehmen. Verweisen Sie je nach Bedarf auf Experten, Spezialisten, Wissenschaftler oder Unternehmer. Stärken Sie Ihre eigene Position, indem Sie Koryphäen benennen, die Ihrer Meinung sind. Fortgeschrittene Redner berufen sich gerne auf – lebende oder verstorbene – Vordenker der Gegenseite, um ihre Ansichten durchzubringen. Isolierte Äußerungen dieser Autoritäten werden mit eigenen Vorstellungen verknüpft, um sie dem gegnerischen Lager unterzujubeln.

Der große Bruder

- Angriff: »Sie glauben doch nicht ernsthaft, dass wir mit Ihren Vorschlägen weiterkommen?«

- *Autorität ins Spiel gebracht:* »Nicht nur ich glaube an das innovative Konzept, das ich Ihnen vorgestellt habe. In der Fachpresse wird seit längerem eine Wende gefordert, auch der renommierte Wirtschaftsexperte Prof. Dr. Siebert hat sich bereits mehrmals für die von mir präferierte Vorgehensweise ausgesprochen.«

Zurückfragen

Zurückfragen ist oft geschickter als dagegenzuhalten. Da kritisieren einfacher ist als Gegenvorschläge einzubringen, sollten Sie Angreifer zu konstruktivem Verhalten verpflichten. Üblicherweise fallen Attacken schnell in sich zusammen, wenn der Störer seine Kritik vor dem Rest des Publikums begründen muss. So können Sie den Zuhörern vor Augen führen, dass die Äußerungen des Angreifers substanzlos sind.

Erziehen Sie den Störer zu konstruktivem Verhalten

Isoliert

Beispiel

- Angriff: »Ihre Ausführungen sind zusammenhanglos, bisher habe ich noch keinen Informationsfortschritt feststellen können.«
- *Zurückgefragt:* »Ich bin gern bereit, für Sie die wichtigsten Fakten noch einmal zu wiederholen. Welche Zusammenhänge konnten Sie denn nicht nachvollziehen?«

Können Sie Widersprüche aushalten?

Viele Rednerinnen und Redner setzen sich selber unter Druck, weil sie den Anspruch haben, auch den letzten Zuhörer von ihrer Meinung überzeugen zu müssen. Dabei übersehen sie, dass es in der Regel mehrere Wege gibt, um ein Problem zu lösen, mehrere Ansatzpunkte, um Strategien zu entwickeln, und unterschiedliche Herangehensweisen, um Aufgaben zu bewältigen. Diese Meinungsvielfalt ist ein Wert an sich, sie kann aber auch belastend wirken, wenn Vortragende übertrieben harmonieorientiert sind oder missionarischen Eifer entwickeln.

Natürlich sollen Sie Ihre Inhalte engagiert vertreten. Mit der Einstellung »Ich schaffe es sowieso nicht, mein Publikum zu überzeugen« kommen Sie nicht weit. Ihre Zuhörer registrieren aufmerksam, ob Sie hinter dem stehen, was Sie vortragen, oder ob Sie nur ein Pflichtprogramm abspulen. Wir leben aber heute in einer Welt, in der komplexe Wechselbeziehungen herrschen und es eigentlich immer eine überbordende Faktenlage zum Thema gibt. Deshalb müssen Sie lernen zu akzeptieren, dass es auch andere Meinungen geben kann.

Jede Medaille hat zwei Seiten

Enthalten Sie Ihren Zuhörern aber nicht Ihre persönlichen Ansichten vor. Das Publikum hat ein Recht darauf, Ihre Meinung zum Thema zu erfahren. Zeigen Sie zuerst Flagge, danach können Sie durchaus Anregungen zum Thema aufnehmen. Versuchen Sie nicht, die Themenbearbeitung auf das Publikum abzuwälzen. Damit tun Sie weder sich noch den Zuhörern einen Gefallen. Wer jedem gerecht werden will, wird letztendlich niemandem gerecht werden, auch nicht dem Thema.

Beratung

Aus unserer Beratungspraxis

In Harmonie ertrunken

Eine junge Consulterin nahm unser Rhetorik-Coaching in Anspruch, um ihre Probleme bei Kundenpräsentationen einmal von außen beleuchten zu lassen. Wir baten sie, ihre letzte Präsentation zu schildern, um ihre Schwierigkeiten nachvollziehen zu können. Es stellte sich heraus, dass sie sehr anfällig für Zwischenbemerkungen der

Zuhörer war. Anscheinend ließ sie sich sehr schnell das Heft aus der Hand nehmen. Um dies zu überprüfen, forderten wir sie auf, die Präsentation vor ihrem neuen Publikum – uns – zu wiederholen.

Wir deckten die Kundin mit Zwischenbemerkungen, Nachfragen und Sticheleien ein. Sie zeigte sich jedes Mal sehr verständnisvoll und ging auf jede Anmerkung unsererseits ein. In der vorgesehenen Präsentationsdauer schaffte sie es daher nicht, ihr Konzept auch nur ansatzweise vorzustellen. Auf unsere Nachfrage, warum sie dem Publikum in ihren Projektpräsentationen so viel Raum gibt, antwortete sie: »Es kann ja sein, dass ich etwas vergessen habe oder dass es andere relevante Faktoren gibt, die ich bisher außer Acht gelassen habe.« Statt ihr Konzept mithilfe der Zuhörer wasserdicht und unangreifbar zu machen, passierte das Gegenteil. Nach einiger Zeit wusste man nicht mehr, welche Ideen die Consulterin präferierte, und es gab auch kein Konzept, über das man hätte reden können. Stattdessen ging es drunter und drüber. Die Kundin schaffte es nicht, die losgelassenen Zuhörer wieder zum eigentlichen Thema zurückzuführen. Der Vortrag ertrank in der wohl gemeinten Absicht, jedem gerecht werden zu wollen.

Wir übten mit der Consulterin geeignete Interventionstechniken ein und zeigten ihr, wie sie unproduktive Zwischenbemerkungen abblocken kann. Daneben vermittelten wir ihr die Einsicht, dass es wichtig ist, Darstellung und Kritik voneinander zu trennen. Damit ihre Zuhörerschaft überhaupt fundiert über ihre Konzepte reden könne, müsse sie diese erst einmal vorstellen. Erst danach würde eine kritische Auseinandersetzung mit den präsentierten Inhalten sinnvoll.

Fazit: Verschwimmen Kritik und Darstellung ineinander, geben Redner ihren Führungsanspruch auf. Sie werden dann nicht mehr ernst genommen, woraufhin das Publikum beschließt, den Referenten nun richtig auf die Hörner zu nehmen oder ihm durch gut gemeinte Ergänzungen zu helfen, was die Konfusion nur noch steigert. In der Konsequenz gehen dann sowohl der Redner als auch das Vortragsthema unter, und das Publikum verlässt missmutig den Saal.

In Vorträgen stellen Sie Ihre Sicht zum Thema dar. Sie müssen keine absoluten Wahrheiten verkünden. Dies ist heutzutage auch deswegen nicht mehr möglich, weil die Zuhörer gewöhnlich auch auf anderem Wege Zugriff auf Informationen zum Thema haben, das Sie präsentieren. Fachzeitschriften, die Tagespresse, wissenschaftliche Veröffentlichungen, Fernsehberichte, Radiosendungen und nicht zuletzt das Internet stehen allen Interessierten zur Meinungsbildung offen. Sie werden also nicht vermeiden können, dass sich zumindest einzelne Zuhörer ihr eigenes Bild über das Vortragsthema gemacht haben. Das braucht sie nicht weiter zu belasten, da das Publikum in Vorträge geht, um die Sicht des Vortragenden zu einem ausgewählten Themenkomplex zu erfahren.

Tyrann des Themas Wenn Sie sich die Einstellung zu Eigen gemacht haben, dass es Ihre Meinung zum Thema ist, die in Vorträgen zählt, müssen Sie aufpassen, dass Sie nicht ins andere Extrem geraten und sich als Tyrann des Vortragsthemas aufspielen. Andere Meinungen können durchaus interessant sein.

Hüten Sie sich davor, Anmerkungen aus dem Publikum patzig oder gequält humorvoll parieren zu wollen, denn darunter leidet Ihre gesamte Souveränität. Sie machen sich damit mindestens einen Zuhörer zum Feind und haben ungewollt einen dauerhaften Störfaktor zementiert, womöglich sogar über den Vortrag hinaus. Die folgenden Negativbeispiele zeigen Ihnen, wie Sie nicht reagieren sollten.

Vor den Kopf gestoßen

Beispiele

- »Ihre Frage zeigt mir, wes Geistes Kind Sie sind. Sie haben sich schon bei anderen Gelegenheiten mit Ihren radikalen Ideen ins Abseits gestellt.«
- »Sie scheinen mir in der freien Natur aufgewachsen zu sein, eine gute Kinderstube lassen Sie jedenfalls vermissen.«
- »Herr Müller, diese Frage musste ja von Ihnen kommen. Glücklicherweise haben Sie nur eine Standardfrage im Repertoire, damit sollte ich wohl fertig werden.«

Negativbeispiele

Behandeln Sie Zwischenbemerkungen und Nachfragen gelassen, aber bestimmt. Lassen Sie sich das Heft nicht aus der Hand nehmen, agieren Sie aber freundlich, und bauen Sie keine unnötigen Fronten auf.

Platz für den Meinungsaustausch

Beispiele

- »Wir werden noch Zeit haben, um uns eingehend über einzelne Fragen, die sich aus meinem Vortrag ergeben, zu reden. Bitte merken Sie sich Ihre Anregungen für die an den Vortrag anschließende Diskussionszeit.«
- »Das scheint mir ein interessanter Aspekt zu sein, wir sollten ihn im Anschluss an den Vortrag diskutieren.«
- »Ich bitte um Verständnis, dass ich an dieser Stelle nicht auf Ihren Einwurf eingehen kann. Wir werden in der Pause noch Zeit haben, um uns persönlich zu unterhalten.«

Positivbeispiele

Immer dann, wenn schon im Vorfeld klar ist, dass Sie ein kontroverses Thema behandeln werden, sollten Sie Platz für einen Meinungsaustausch lassen. Planen Sie eine ausreichende Diskussionszeit ein, die Sie an Ihren Vortrag anschließen. Weisen Sie Ihre Zuhörer schon zu Beginn des Vortrages darauf hin, dass Sie sich mit den Anregungen aus dem Publikum auseinander setzen werden. So können Sie in Ruhe Ihre Sicht vorstellen und schaffen einen angemessenen Rahmen für Bemerkungen sowie Nachfragen aus dem Publikum.

Stellen Sie sich der Meinungsvielfalt

Auch wenn Sie eine Diskussionszeit reservieren, werden Sie es nicht schaffen, jeden Widerspruch aufzulösen, alle differierenden Meinungen zu integrieren oder unterschiedliche Interessenlagen zur Deckung zu bringen. Bei manchen Themen werden Sie es nicht verhindern können, dass Sie mit immanenten Widersprüchen leben müssen. Viele Vortragende scheinen aber eine gewisse Wettkampfmentalität in sich zu tragen. Sie erliegen der irrigen Annahme, dass sie sich als Gewinner profilieren müssten. Dabei übersehen sie, dass Kampf großen Stress mit sich bringt und sie bei Konfrontationen durchaus auf der Verliererseite stehen könnten. Wir stellen in unseren Seminaren und bei unseren Coaching-Kunden immer wieder fest, dass der überwiegende Teil der Vortragenden große Schwierigkeiten damit hat, sich der Meinungsvielfalt zu stellen. Wer als Reaktion auf die Meinungen anderer anfängt zu poltern oder sich beleidigt in die Schmollecke zurückzieht, verspielt seine Souveränität.

Lassen Sie andere Meinungen zu

Sollten Sie in Ihren Reden, Vorträgen und Präsentationen feststellen, dass es – trotz aller Überzeugungsarbeit von Ihrer Seite – noch andere Meinungen im Publikum gibt, sollten Sie diese Meinungen zulassen, ohne sich an den Rand drängen zu lassen. Betätigen Sie sich in diesen Fällen als kompetenter Moderator, der im Interesse des Themas Anregungen aufnimmt und sie in seine Ausführungen integriert.

Meinungsvielfalt

Beispiele

- »Wir werden unsere abweichenden Positionen heute nicht zusammenführen können. Ich danke Ihnen aber in jedem Fall für Ihre Anregung.«
- »Bevor wir uns festbeißen, sollten wir auch den anderen Zuhörern Gelegenheit zu Wortäußerungen geben. Sprechen Sie mich doch nach der Veranstaltung noch einmal an.«
- »Den strittigen Punkt können wir im Rahmen dieser Veranstaltung nicht klären. Wir werden beide damit leben müssen, dass wir unterschiedliche Ansätze verfolgen.«

Positiv-
beispiele

Da es sich nicht vermeiden lässt, dass andere Menschen anderer Meinung als Sie sein können, müssen Sie lernen, damit zu leben. Das Spannungsfeld, das sich zwischen widerstreitenden Meinungen bildet, kann sehr belastend wirken. Bauen Sie in Ihren Vorträgen keine Fronten auf, geben Sie sich versöhnlich, ohne Ihre eigenen Ansichten zu verleugnen. Bei kontroversen Themen wird das Publikum sein Recht auf Meinungsäußerung einfordern. Halten Sie Störungen möglichst aus Ihren eigenen Ausführungen heraus, und verschieben Sie sie in von Ihnen festgelegte Diskussionszeiten. Auch in Diskussionen sollten Sie nicht versuchen, mit allen Mitteln Ihre Meinung durchzuboxen. Lassen Sie schwelenden Streit nicht zum Flächenbrand werden, thematisieren Sie die Differenzen zwischen Ihnen und einzelnen Zuhörern. Es wird Ihnen im Vortrag nicht gelingen, die Weltformel zu konstruieren. Akzeptieren Sie, dass es unterschiedliche Ansichten, Lösungswege und Einstellungen gibt. Lernen Sie, Widersprüche auszuhalten und auch zu vermitteln, dass es zwar andere Meinungen gibt, Sie aber nach wie vor Ihren Ansichten treu bleiben.

Bleiben Sie
Ihrer Meinung
treu

Trainieren Sie Ihre Reaktionsfähigkeit

Das Heft des Handelns gehört in Ihre Hand

Wir haben Sie damit vertraut gemacht, wie Sie auf Konflikte in Vortragssituationen reagieren sollten, und Ihnen gezeigt, welche Strategien Ihnen weiterhelfen. Der von uns vorgestellte Umgang mit Angriffen aus dem Publikum bringt Sie sowohl bei ernsthaften Provokationen als auch bei vermeintlichen weiter. Sie behalten die Führungsrolle im Vortrag und lassen sich die Bearbeitung des Themas nicht mehr aus der Hand nehmen. Nun warten einige Übungen auf Sie, damit Sie Ihr neu erworbenes Wissen ausprobieren und trainieren können.

Feind oder Freund?

Übung

Im allgemeinen Redestress geht oft unter, ob es sich bei Anmerkungen aus dem Publikum um Verständnisfragen oder Sticheleien handelt. Lernen Sie, Provokationen von inhaltlichen Nachfragen zu unterscheiden. Bitte kreuzen Sie die richtige Antwort an.

1. Können Sie Ihre Folien nicht ein wenig größer projizieren? ☐ *Angriff* ☐ *Verständnisfrage*

2. Haben Sie zu Hause keinen Computer, mit dem Sie Ihre Folien etwas ansprechender gestalten können? ☐ *Angriff* ☐ *Verständnisfrage*

3. Ich habe den Kern Ihrer Ausführungen immer noch nicht verstanden. ☐ Angriff ☐ sachliche Anmerkung

4. Sie drücken sich nun schon seit einer halben Stunde um eine klare Aussage herum. ☐ Angriff ☐ sachliche Anmerkung

5. Könnten Sie ein bisschen lauter reden? ☐ Angriff ☐ Verständnisfrage

6. Nun heben Sie Ihr zartes Stimmchen aber mal ein bisschen an. ☐ Angriff ☐ sachliche Anmerkung

7. Sind Sie sicher, dass Ihre Schilderung zutrifft? ☐ Angriff ☐ Verständnisfrage

8. Sie wollen uns mit Ihren Ausführungen doch nur einlullen. ☐ Angriff ☐ sachliche Anmerkung

9. Für einen Anfänger machen Sie Ihre Sache schon durchaus mittelmäßig. ☐ Angriff ☐ sachliche Anmerkung

10. Ihre Ausführungen entsprechen nicht dem, was Sie bei der letzten Sitzung gesagt haben. ☐ Angriff ☐ sachliche Anmerkung

11. Ich habe Schwierigkeiten, Ihnen zu folgen.	☐ *Angriff*	☐ *sachliche Anmerkung*

Gar nicht so einfach, oder? Natürlich hängt auch viel vom Tonfall ab, in dem der Zwischenruf erfolgt. Und es spielt sicherlich auch eine Rolle, was im Vorfeld des Vortrages vorgefallen ist, um hundertprozentig entscheiden zu können, ob die Anmerkung provokativ gemeint ist. Es ist bei Vorträgen aber häufig so, dass Redner vorschnell aus der Haut fahren, weil sie auch Verständnisfragen als Provokation klassifizieren. Bemühen Sie sich um Gelassenheit, und finden Sie die richtige Antwort auf Bemerkungen aus dem Publikum. Machen Sie nun unsere Übung »Souverän reagieren«.

Souverän reagieren

Übung

Trainieren Sie mithilfe dieser Übung, Ihre Gelassenheit in Vortragssituationen zu stärken. Finden Sie geeignete Repliken auf Zwischenrufe und Provokationen.

1. Zwischenruf: Da bin ich aber anderer Meinung!

Ihre Reaktion: . . . .
. . . .

2. Zwischenruf: Ihre Präsentation überzeugt mich nicht!

Ihre Reaktion: . . . .
. . . .

3. Provokation: Das ist doch Schnee von gestern, was Sie da vortragen.

Ihre Reaktion: . . . .
. . . .

4. Provokation: Ihre Ausführungen sind ebenso ermüdend wie praxisfern.

Ihre Reaktion: . . . .
. . . .

5. Zwischenruf: Können Sie nicht endlich mal auf den Punkt kommen?

Ihre Reaktion: . . . .
. . . .

6. Zwischenruf: Ich glaube, ich spreche im Namen aller Zu-hörer, wenn ich feststelle, dass Sie uns wohl nicht die Wahrheit sagen.

Ihre Reaktion: . . . .
. . . .

7. Provokation: Wieso versuchen Sie, Ihre mangelnde Vorbe-reitung mit einer unverständlichen Sprache zu kaschie-ren?

Ihre Reaktion: . . . .
. . . .

8. Zwischenruf: Mit Allgemeinplätzen kommen wir nicht weiter!

Ihre Reaktion: . . . .

. . . .

9. Zwischenruf: Ihre Ausführungen sind längst durch aktuelle Studien widerlegt!

Ihre Reaktion: . . . .

. . . .

Sinnvolle Reaktionsmöglichkeiten finden Sie am Ende dieses Kapitels. Seien Sie ehrlich zu sich selbst. Versuchen Sie es erst einmal aus eigener Kraft!

Hier finden Sie Möglichkeiten, wie Sie auf die in der Übung »Souverän reagieren« vorgestellten Zwischenrufe und Provokationen reagieren können.

Beispiele

Replik zu 1.: »Ich freue mich darauf, Ihre Meinung zu hören. Lassen Sie mich aber bitte zunächst meine Gedanken zu Ende führen. Im Anschluss an meine Ausführungen werde ich gerne mit Ihnen diskutieren.«

Replik zu 2.: »Das ist schade. Vielleicht schaffe ich es ja noch im weiteren Verlauf meines Vortrages, auch Sie zu überzeugen.«

Replik zu 3.: »Wir sollten uns auf den Begriff Gletscher einigen. Meine Strategien werden auch in Zukunft Bestand haben. Selbstverständlich reden wir hier über bewährte Konzepte. Gerade damit verhindern wir ja, dass frisch vom Himmel gefallene Konzepte bei eingehender Beleuchtung dahinschmelzen wie Schnee in der Sonne.«

Replik zu 4.: »Es tut mir leid, dass ich Sie mit meinen Ausführungen noch nicht überzeugen konnte. Bedenken Sie aber, dass wir eine sehr komplexe Fragestellung behandeln. Daher müssen wir erst einmal die Basics klären, um allen Zuhörern den gleichen Wissensstand zu ermöglichen.«

Replik zu 5.: »Ich werde in der Zwischenzusammenfassung für Sie gerne noch einmal alle wesentlichen Aspekte nachzeichnen und einprägsam auf den Punkt bringen.«

Replik zu 6.: »Ich habe Ihnen meine Sicht der Dinge vorgestellt, an der ich auch festhalten werde. Mir scheint es eher so, als wenn Sie mit Ihrer Meinung alleine dastehen.«

Replik zu 7.: »Schade, dass Sie meinen Ausführungen nicht folgen konnten. Die Materie ist sehr anspruchsvoll. Was genau haben Sie denn nicht verstanden?«

Replik zu 8.: »Gedulden Sie sich noch einen Moment. Nach Abschluss meiner Ausführungen gebe ich Ihnen gerne Gelegenheit, Ihre konkreten Ansätze kurz vorzustellen.«

Replik zu 9., Möglichkeit A: »Ich kenne diese Studien. Aufgrund ihrer methodischen Mängel spielen sie allerdings keine Rolle in der öffentlichen Diskussion. Daher habe ich darauf verzichtet, sie in den Vortrag einzubinden.«

Replik zu 9., Möglichkeit B: »Da erfahre ich ja etwas ganz Neues. Stellen Sie uns diese Studien doch einmal in drei bis vier Sätzen vor, damit wir uns alle ein Urteil bilden können. Geben Sie bitte an, wer die Studien initiiert hat, welche Stichproben gezogen wurden, mit welcher Untersuchungsmethodik vorgegangen wurde und wo diese Studien veröffentlicht worden sind.«

Auf einen Blick

Die hohe Schule der Dialektik: souverän auf Störfeuer reagieren

Im Blick

- Viele Redner haben Angst vor Zwischenbemerkungen und Nachfragen aus dem Publikum.
- Der Redestress führt bei vielen Vortragenden dazu, dass sie eine feindselige Haltung des Publikums vermuten und dessen Verhalten fehl deuten.
- Es sind oft erst die überzogenen Reaktionen von Vortragenden auf Publikumsäußerungen, die eine Kampfatmosphäre entstehen lassen.
- Nicht jede Anmerkung aus dem Zuhörerkreis ist ein Angriff.

Lernen Sie, tatsächliche von vermuteten Angriffen zu unterscheiden.

- Als Redner haben Sie die Chance, die Vortragssituation zu deeskalieren. Beseitigen Sie Störungen, klären Sie Verständnisfragen, und stellen Sie Diskussionen ans Ende.
- Um gegen tatsächliche Angriffe gewappnet zu sein, sollten Sie sich mit Abwehrtechniken auseinander setzen. Konfrontationen lassen Vorträge schnell entgleisen. Besser ist es, Angriffe ins Leere laufen zu lassen.
- Es stehen Ihnen verschiedene Abwehrtechniken zur Verfügung: auf die Meta-Ebene wechseln, Reaktionen zurückstellen, Attacken ausblenden, Unterstützung des Publikums einholen, abstrahieren, konkretisieren, Autoritäten berufen, zurückfragen.
- Lassen Sie es nicht zu, dass einzelne Zuhörer den Fortgang Ihrer Ausführungen stören. Das Informationsbedürfnis der schweigenden Mehrheit ist wichtiger als die Profilierungsversuche Einzelner.
- Um Ihre Abwehrkräfte zu stärken, sollten Sie sich auch damit auseinander setzen, wie viel Widerspruch Sie auf der Rednerbühne aushalten können.
- In Ihren Vorträgen müssen Sie keine absoluten Wahrheiten verkünden. Bekennen Sie sich zur Meinungsvielfalt, ohne Ihre eigene Position aufzugeben.
- Wenn Sie wissen, dass Sie ein kontroverses Thema präsentieren werden, sollten Sie Platz für einen Meinungsaustausch lassen. Ermöglichen Sie am Ende eine Diskussion.
- Lösen Sie sich von der Vorstellung, dass Ihr Publikum aus Kritikern, Zweiflern und Provokateuren besteht. Ihre Zuhörer werden in der Mehrheit an Ihren Ausführungen interessiert sein. Einzelne Störer lassen sich mit geeigneten Reaktionen schnell in den Griff bekommen.

8

Erfolgsmeldungen: Diese Signale zeigen Ihnen, dass Ihr Vortrag gelungen ist

Um sich bei Redeauftritten wohl zu fühlen, benötigen Sie die Anerkennung des Publikums. Diese Anerkennung wird oft nur zwischen den Zeilen mitgeteilt. Um sich mehr Sicherheit bei Redeauftritten zu erarbeiten, ist es wichtig, das indirekte Lob der Zuhörer zu erkennen. Ändern Sie Ihren Fokus weg von der Misserfolgs- hin zur Erfolgsorientierung. Entwickeln Sie ein Bewusstsein für Erfolgssignale.

Leider haben nur wenige Rednerinnen und Redner ein Gespür dafür, wann sie von Seiten der Zuhörerschaft positives Feedback erhalten. Die meisten Vortragenden neigen dazu, nur ablehnende oder kritische Reaktionen aus dem Publikum aufzunehmen. Damit vergeben sie die Chance, unausgesprochene Zustimmung bei den Zuhörern zu erkennen. Sie verzichten auf das Lob, das Ihnen eigentlich zusteht. Erfolgsmeldungen sind aber wichtig, weil sie Ihnen Sicherheit geben und Ihnen bestätigen, dass Sie auf dem richtigen Weg sind.

Lob will erkannt werden

Aus unserer Beratungspraxis

Auf den Leim gegangen

Ein Kunde kam zu uns, weil seine Reden regelmäßig für Aufruhr im Publikum sorgten. Er war sehr verunsichert, da die Reaktionen der Zuhörer nicht dem entsprachen, was er aus den Vorträgen von Kollegen kannte. Sonst saßen die Zuhörer schweigend bis zum Ende und verließen nach dem letzten Satz des Vortragenden schnell den Raum. Ihm dagegen fiel es schwer, seine Vortragszeiten einzuhalten. Nachfragen sprengten oft den Zeitrahmen seiner Vorträge, und auch nach dem Verlassen der Bühne suchten einzelne Zuhörer seine Nähe. Da er dies als sehr anstrengend empfand und seine Vorträge glatter und routinemäßiger über die Bühne bringen wollte, hatte er sich an uns gewandt.

Wir konnten uns ein Lachen nicht verkneifen, denn immerhin hatten wir einen Redner vor uns, der sich seiner rhetorischen Fähigkeiten gar nicht bewusst war. Statt sich über das Interesse der Zuhörer zu freuen, wollte er versuchen, sich dem Durchschnitt anzupassen. Dafür hätte er sich aber verschlechtern müssen. Bei einem kurzen Probevortrag des Kunden bestätigte sich unsere Meinung. Die Vorträge waren lebendig und interessant, man war gespannt auf weitere Informationen. Nachfragen kamen bei seinen Zuhörern also nicht auf, weil sie etwas nicht verstanden hatten, sondern weil sie mehr über sein Spezialgebiet wissen wollten.

Als Beobachtungsaufgabe für seine nächsten Vorträge gaben wir dem Kunden mit auf den Weg, einmal zu überprüfen, ob die Körpersprache der Zuhörer Aufmerksamkeit, Interesse und Sympathie verriet. Zudem sollte er beobachten, ob die Zuhörer Notizen anfertigten, sich also Phasen der Konzentration auf seine Inhalte und der neugierigen Nachfrage abwechselten.

Fazit: Viele Vortragende unterliegen einem Sein-sollen-Fehlschluss. Aus der Tatsache, dass es so viele schlechte Vorträge gibt, lässt sich nicht der Schluss ziehen, dass eigene Vorträge genauso ablaufen müssen. Es lohnt sich, die Wirkung der eigenen Ausführungen auf ein Publikum zu beobachten. Schließlich sollen die Zuhörer der Maßstab dafür sein, ob ein Vortrag gelungen ist oder nicht.

Falsche Maßstäbe

In unseren Rhetorikseminaren stellen wir immer wieder fest, dass viele Rednerinnen und Redner überhaupt keine Vorstellung davon haben, wie die Reaktionen des Publikums auf einen gelungenen Vortrag aussehen. Da Maßstäbe für den Erfolg einer Rede fehlen, bleiben dann auch die Erfolgsmeldungen aus, die für weitere Auftritte Selbstvertrauen vermitteln könnten. Das ist schade, denn gelungene Redeauftritte lassen sich durchaus genießen. Voraussetzung ist natürlich, dass die Zufriedenheit der Zuhörer festgestellt werden kann.

Selbstvertrauen braucht Erfolgsmeldungen

Ein generelles Problem ist, dass untrainierte Redner oft so mit sich selbst beschäftigt sind, dass sie die Reaktionen ihres Publikums gar nicht wahrnehmen. Die Zuhörer dringen nur dann zum Redner durch, wenn es zu Störungen kommt. Dadurch werden nur die negativen Rückmeldungen wahrgenommen. Es verfestigt sich die Einstellung, dass sich ein gutes Publikum dadurch auszeichnet, dass man es nicht bemerkt. In der Konsequenz führt das zu Vorträgen, die dem Publikum »um die Ohren gehauen« werden. Statt eines Dialoges herrscht der Monolog vor. Der Redner gefällt sich in seiner Rolle, vom Podium herab Weisheiten zu verkünden, welche die Zuhörer widerspruchslos anzuerkennen haben.

Dieses Dozieren am Publikum vorbei muss nicht unbedingt eine bewusste Strategie sein. Oft handelt es sich um eine Stressreaktion. Die Redner wollen das Publikum so weit wie möglich ausblenden, um sich nicht zusätzlich zu verunsichern. Als Erfolgsmeldung haben sie für sich definiert: »Wenn ich es irgendwie schaffe, mich durch den Vortrag zu quälen, ist das ja auch schon ein Erfolg.«

Machen Sie Ihr Publikum zum Maßstab

Der andere Weg ist der bessere: Machen Sie Ihr Publikum zum Maßstab. Halten Sie Ihre Vorträge so, dass Ihre Zuhörer mit den Vortragsinhalten etwas anfangen können. Beobachten Sie die Reaktionen, um feststellen zu können, ob Ihre Worte die Zuhörer – im wahrsten Sinne des Wortes – erreichen. Aber auch wenn Sie, parallel zu Ihren Ausführungen, Ihren Blick ins Publikum richten, haben Sie noch keine funktionierende Feedback-Schleife installiert. Sie müssen die Reaktionen Ihrer Zuhörer nicht nur wahrnehmen, sondern auch richtig deuten können. Wir wissen, dass es dabei oft zu Missverständnissen kommt.

Populäre Irrtümer im Vortrag

Beispiele

- Beobachtung 1: Einzelne Zuhörer tuscheln.

  Fehldeutung: »Die stimmen sich für einen Angriff gegen mich ab!«

  Situationsgerechte Bedeutung: »Bestimmt hat ein Zuhörer eine Verständnisfrage an seinen Nachbarn gerichtet.«

- Beobachtung 2: Die Zuhörer machen ein ernstes Gesicht.

  Fehldeutung: »Meine Ausführungen werden abgelehnt.«

  Situationsgerechte Bedeutung: »Meine Zuhörer folgen konzentriert dem Vortrag.«

- Beobachtung 3: Die Zuhörer lachen.

  Fehldeutung: »Ich habe eine unpassende Bemerkung gemacht.«

  Situationsgerechte Bedeutung: »Ich habe dem Publikum einen Aha-Effekt vermittelt.«

Der Stress, unter dem Redner stehen, veranlasst sie dazu, Signale aus dem Publikum eher als Angriff zu deuten. Auf die Idee, dass die Zuhörer ihre Zustimmung signalisieren, kommen unter dem Druck der Vortragssituation nur wenige. Da ein Publikum im Allgemeinen aber eher an den Ausführungen des Vortragenden interessiert ist als daran, von vornherein alles Gesagte anzuzweifeln, ist es gar nicht so unwahrscheinlich, dass auch positives Feedback aus den Reihen der Zuhörer kommt.

Positives Feedback streichelt Ihre Seele

Als Erfolgsrückmeldung können Reaktionen aus dem Publikum natürlich nur dann gelten, wenn sie der Vortragssituation und den Absichten, die eine Rede verfolgt, entsprechen. Fröhlich glucksende und kichernde Zuhörer können bei einem Eröffnungsvortrag für eine Wellness-Oase als Gradmesser für eine gelungene Rede gelten. Bei einer Trauerrede wären die gleichen Reaktionen eher eine Aufforderung, den Vortragsstil zu ändern. Bei der Vorstellung eines neuen Produktes signalisieren Fragen aus dem Publikum reges Interesse. Anders ist es, wenn in einem Vortrag die neue Unternehmensstrategie vorgestellt wird. Dann müsste man das gehäufte Nachfragen eher als Skepsis deuten.

Nicht jede Reaktion aus dem Publikum kann als Erfolgs-Feedback gelten. Hüten Sie sich aber davor, das Verhalten Ihrer Zuhörer zu kritisch zu sehen und von vornherein Angriffe zu vermuten.

Erfolgssignale

Es bietet sich an, sich schon vor einem Vortrag Gedanken darüber zu machen, welche Reaktionen man mit seinen Ausführungen bei den Zuhörern auslösen will. Je präziser Sie definieren, was Sie erreichen wollen, desto zielgerichteter können Sie auf Ihre Vorgaben hinarbeiten.

Welche Reaktionen sind erwünscht?

Verschaffen Sie sich Gehör

Möchten Sie Ihre Mitarbeiter beispielsweise für ein neues Projekt motivieren, können Sie in Ihrem Vortrag auf eine kreative Unruhe hinarbeiten. Sobald die Mitarbeiter anfangen zu agieren, haben Sie sie aus der Passivität gerissen und auf diese **Kreative** Weise eine Rückmeldung darüber bekommen, dass Ihr Vortrag **Unruhe** tatsächlich motivierend gewirkt hat. Sind Sie als Referent eingeladen worden, um ein Spezialthema vorzustellen, wissen Sie, dass Ihre Ausführungen auf fruchtbaren Boden gefallen sind, wenn die Zuhörer anfangen, sich Notizen zu machen.

Wenn Sie sich überlegen, welche Signale Sie sich aus den Reihen Ihrer Zuhörer wünschen, sollten Sie bedenken, dass es auch Vortragssituationen gibt, in denen sich Ihr Publikum sehr nüchtern verhalten wird. Sie müssen sich also nicht auf die Suche nach den großen Begeisterungsstürmen begeben. Es kann ein großer Erfolg sein, wenn Ihre Zuhörer Ihren Worten schweigend – aber interessiert – Gehör geschenkt haben, aber nach dem Vortrag angeregt miteinander diskutieren.

Eine Gefahr bei der gezielten Beobachtung Ihrer Zuhörer ist, dass Sie über das Ziel hinausschießen. Als Vortragender sind Sie zwar für die Stimmung im Publikum verantwortlich, Sie können aber nicht die Reaktionen jedes Einzelnen beeinflussen. Gähnt ein Zuhörer beispielsweise, kann er tatsächlich wegen einer schlaflosen Nacht müde sein. Sie hätten das Gähnen auch mit einem noch so spritzigen Vortrag nicht verhindern können. Achten Sie daher mehr auf die Stimmungslage im Publikum. Versuchen Sie nicht, jede körperliche Reaktion eines einzelnen Zuhörers auf Ihren Vortrag zu beziehen.

Entwickeln Sie ein Raster, mit dem Sie die Zufriedenheit Ihres Publikums herausfiltern können. Sicher haben Sie schon viele Reden, Vorträge und Präsentationen erlebt. Wie haben Sie und der Rest des Publikums sich verhalten, wenn Sie begeistert waren? Was haben Sie gemacht, wenn Sie hochkonzentriert Informationen aufgenommen haben? Auf welche Weise haben Sie Ihre Zustimmung ausgedrückt? Schärfen Sie Ihren Blick für Erfolgssignale.

Entwickeln Sie ein Raster

Konkrete Rückmeldungen

Beispiel

Wir haben die zwei Vortragssituationen *Messepräsentation* und *Abteilungskonferenz* ausgewählt, um Ihnen zu zeigen, welche Publikumsreaktionen signalisieren, ob ein Vortrag gelungen ist.

Messepräsentation
Erfolgssignal 1: Die Interessenten nehmen Ausstellungsstücke in die Hand.
Erfolgssignal 2: Die Interessenten fragen nach.
Erfolgssignal 3: Einige Interessenten kommen nach dem Vortrag zum Referenten, um sich weiter zu informieren.

Abteilungskonferenz
Erfolgssignal 1: Die Mitarbeiter nicken bei den Kernaussagen.

Erfolgssignal 2: Die Mitarbeiter vergessen das Kaffeenachschenken und hören zu.

Erfolgssignal 3: Die Mitarbeiter diskutieren engagiert die neuen Aufgaben.

Steuern Sie den Erfolg an

Übung

Wählen Sie zwei Redeanlässe aus, die in nächster Zeit auf Sie zukommen werden. Schärfen Sie Ihren Blick für die Reaktionen des Publikums, die Ihnen bestätigen, dass Ihr Vortrag erfolgreich verläuft. Welche Signale würden Sie darin betätigen, dass Sie Ihre Sache gut machen?

Redeanlass 1: . . . .
Erfolgssignal 1: . . . .
Erfolgssignal 2: . . . . : . . . .
Erfolgssignal 3: . . . .

Redeanlass 2: . . . .
Erfolgssignal 1: . . . .
Erfolgssignal 2: . . . .
Erfolgssignal 3: . . . .

Auf dem Weg zum Redner ohne Angst ist es wichtig, weg von der Misserfolgsorientierung hin zu einer Erfolgsorientierung zu kommen. Gönnen Sie sich ruhig einmal das Gefühl, Ihre Sache gut gemacht zu haben. Richten Sie Ihren Blick ins Publikum und lernen Sie, Erfolgssignale wahrzunehmen. Diese

Wie kommen Perspektive hat für Sie mehrere Vorteile: Sie erhalten stetige
Sie an? Rückmeldungen über Ihre Entwicklungsfortschritte. Mit ein wenig Übung werden Sie dann auch in laufenden Vorträgen erkennen können, welche Ihrer Vorgehensweisen beim Publi-

kum gut ankommen und wo sich Widerstände regen. Selbst kritische Bemerkungen Einzelner werden Sie nicht mehr aus der Bahn werfen, wenn Sie die Gewissheit haben, dass Ihr Vortrag im Großen und Ganzen gelungen ist. Sie vermeiden zudem, dass Sie zu stark Ihrem Unwohlsein nachspüren und fälschlicherweise von einer negativen Wahrnehmung der eigenen Befindlichkeiten auf eine Ablehnung des Publikums schließen.

Wenn Sie ein erfolgreicher Redner werden möchten, müssen Sie zuerst genau festlegen, woran Sie Ihren Erfolg festmachen. Nutzen Sie das Publikum als Feedbackinstrument. Lassen Sie sich Ihre gute Vortragsarbeit durch das Publikum auch im Detail bestätigen. Sammeln Sie die vielen kleinen Erfolgsbausteine, um sich ein stabiles Fundament für künftige Vorträge aufzubauen.

Sammeln Sie kleine Erfolgsbausteine

Erfolgsmeldungen: Diese Signale zeigen Ihnen, dass Ihr Vortrag gelungen ist

Im Blick

- Nur wenige Rednerinnen und Redner erkennen Erfolgssignale aus dem Publikum.
- Vortragende, die sich nur mit sich beschäftigen und das Publikum ignorieren, verzichten auf positives Feedback, das ihnen Selbstvertrauen geben könnte.
- Das Publikum ist der Maßstab für den Erfolg eines Vortrages. Analysieren Sie die Reaktionen der Zuhörer, um feststellen zu können, ob Ihr Vortrag ankommt.
- Bei der Bewertung von Zuhörerreaktionen kommt es oft zu Missverständnissen. Vortragende neigen dazu, das Verhalten der Zuhörer grundsätzlich als Kritik fehl zu deuten.

- Jedes Feedback aus dem Zuhörerkreis muss in einen Zusammenhang mit der besonderen Vortragssituation gesetzt werden. Allgemeine Heiterkeit ist nicht in jedem Vortrag angebracht.
- Sie müssen die Zuhörer nicht zu Begeisterungsstürmen hinreißen, wenn das Thema hierfür keinen Anlass gibt. Entdecken Sie auch die subtileren Zustimmungssignale.
- Verändern Sie Ihre Grundeinstellung für Vorträge. Gehen Sie weg von der Misserfolgsorientierung hin zur Erfolgsorientierung. Richten Sie Ihren Blick ins Publikum, und gönnen Sie sich die Rückmeldung, Ihre Sache gut gemacht zu haben.

9

Überzeugen im Beruf: spezielle Tipps für den Business-Alltag

In beruflichen Situationen erwarten Sie vielfältige Redeanlässe. Die strenge Beobachtung durch Mitarbeiter, Kollegen und Vorgesetzte belastet viele Vortragende. Schließlich geht es um Ihre berufliche Gegenwart und Zukunft, wenn Sie sich beruflichen Redeanlässen stellen müssen. Bereiten Sie sich auf die speziellen Vortragssituationen, die ﹏﹏﹏﹏ mer wieder erwarten, vor. Steigern Sie di﹏﹏﹏﹏﹏﹏﹏﹏﹏ und erarbeiten Sie sich so ein be﹏﹏﹏﹏﹏﹏﹏﹏﹏﹏.

﹏﹏﹏﹏﹏﹏﹏﹏ren Anforderungen an Red﹏﹏﹏﹏﹏﹏﹏﹏﹏dlegenden Vortragstechni﹏﹏﹏﹏﹏﹏﹏﹏t es nun um die typischen ﹏﹏﹏﹏﹏﹏﹏rwarten. Ihre rhetorischen ﹏﹏﹏﹏﹏﹏gewöhnlichen Ereignissen ﹏﹏﹏﹏﹏﹏ahme eines neuen Werkes ﹏﹏﹏﹏﹏uch die kleineren Redeanläss﹏﹏﹏﹏﹏te vor Vorgesetzten, Kollegen ﹏﹏﹏﹏﹏en häufig vor. Jeder dieser **Karriere-** Red﹏﹏﹏﹏﹏derung. Erkennen Sie die **faktor Rede-** Be﹏﹏﹏ Sie Ihre Vorträge so, dass **kompetenz** ma﹏﹏﹏ompetenz deutlich wird. ﹏﹏﹏g hängt mit davon ab, wie S﹏﹏﹏nehmen in Szene zu setzen. Ir﹏﹏﹏t, reden und überzeugen zu können,﹏﹏﹏Karrierefaktor. Es gibt viele fachlich versierte Mita﹏﹏﹏r nur wenige, die Themen für ihre Zuhörer auf den Punkt bringen können und dabei souverän agieren. Gute Redeauftritte stärken Ihre Anerkennung als Autorität in Ihrem Arbeitsgebiet. Sie müssen dabei keine Show abziehen, um sich von Ihrer besten Seite zu zeigen. Definieren Sie Ihre Redeziele, statt ins Blaue hinein zu formulieren. Stimmen Sie Ihren Vortrag auf die Zuhörer ab, statt an ihnen vorbeizureden. Und liefern Sie eine anregende Präsentation, statt das Publikum zu langweilen, aufzuregen oder womöglich gegen sich aufzubringen.

Stimmen Sie den Vortrag auf die Zuhörer ab

Aus unseren Seminaren und Workshops wissen wir, an welchen Punkten Redner ansetzen können, um die Wirkung ihrer Vorträge im beruflichen Kontext erheblich zu verbessern. Im Folgenden geben wir Ihnen spezielle Tipps für Situationen aus dem Business-Alltag. Bauen Sie Ihre Vortragskompetenz gezielt aus, um besser

- Verkaufspräsentationen durchzuführen,
- Mitarbeiter zu motivieren,
- Konferenzen in den Griff zu bekommen,
- Repräsentationsaufgaben wahrzunehmen,
- schlechte Nachrichten zu überbringen.

Verkaufspräsentationen durchführen

Bei Verkaufsvorträgen drückt die Redner üblicherweise eine erhebliche Last. Es geht nicht nur darum, ein Thema zu präsentieren, sondern im Anschluss an die Präsentation auch zu einem Verkaufsabschluss zu kommen. Wer in den Bereichen Vertrieb, Verkauf oder Marketing arbeitet, weiß, wie hoch der Erfolgsdruck ist. Nachdem Entwicklung, Konstruktion und Produktion bereits immense Kosten verschlungen haben, muss das Geld nun wieder hereingeholt werden. Unbelastet in Verkaufspräsentationen zu gehen, fällt daher schwer.

Verkaufspräsentationen stellen hohe Ansprüche

Hinzu kommen die eigenen Ansprüche. Viele Vertriebler wollen den Ort ihrer Verkaufsveranstaltung als Gewinner verlassen. Aus erfolgreichen Verkäufen schöpfen sie ihre berufliche Zufriedenheit und auch einen Teil ihres Selbstwertgefühls. Aber auch wer nicht mit Haut und Haaren im Verkauf aufgeht, möchte doch die eigenen Produkte und Dienstleistungen optimal an den Mann oder die Frau bringen. Ein Angebot, hinter dem das eigene Unternehmen steht, soll auch angemessen vorgestellt werden. Dies ist gar nicht so leicht, weil weder ein marktschreierischer »Drückerton« noch übertriebenes Understatement zum gewünschten Erfolg führen werden.

Der Umgang mit den eigenen Ansprüchen

So überzeugen Sie

Verkaufsvorträge gibt es in unterschiedlichen Ausprägungen. Beispielsweise wird eine neue Produktreihe auf einer Messe vorgestellt, bei einem Großkunden »in-house« präsentiert, oder es gibt mehrere Mitbewerber, die ihre Ideen in einer Entscheidungskonferenz vorstellen müssen. Damit Sie Ihre Zuhörer überzeugen können, müssen Sie zuerst deren Bedürfnisse entschlüsseln. Machen Sie dann kurz deutlich, dass Sie über die notwendige Kompetenz verfügen, um die Probleme Ihres Kunden zu lösen. Anschließend beschreiben Sie den Ist-Zustand beim Kunden, der eine Verbesserung erreichen will. Skizzieren Sie dann erst einmal allgemein, was sich ändern soll. Verweisen Sie beispielsweise auf Optimierungspotenzial, Kostenreduzierungen oder Qualitätsverbesserung. Stellen Sie dann heraus, was Ihr Produkt beziehungsweise Ihre Dienstleistung dazu beitragen kann, dass die angestrebten allgemeinen Ziele erreicht werden. Beenden Sie Ihre Verkaufspräsentation mit einer konkreten Handlungsaufforderung (siehe Übersicht 6).

Entschlüsseln Sie die Bedürfnisse der Kunden

Aufbau von Verkaufspräsentationen

Übersicht 6

Kundenbedürfnisse analysieren

↓

Problemlösungskompetenz herausstellen

↓

die grausame Gegenwart

↓

die goldene Zukunft

↓

Verkaufsargumente

↓

Absprachen mit dem Kunden

Kundenbedürfnisse analysieren Sie haben es sicherlich auch schon oft selbst erlebt: Sie planen eine größere Anschaffung und suchen ein Geschäft auf, um sich vor dem Kauf erst einmal beraten zu lassen. Den Verkäufer interessiert aber gar nicht, was Sie im Einzelnen wollen. Er will sein neuestes Produktwissen loswerden und redet mit einem immensen Wortschwall an Ihnen vorbei. Verkaufsprofis wissen jedoch, dass sie aus den Fragen der Kunden Anregungen für ihre eigenen Ausführungen gewinnen können. Es gilt, erst die Kundeninteressen aufzuspüren, bevor man konkrete Angebote macht. Wenn Sie eine Verkaufspräsentation durchführen müssen, sollten Sie sich auf jeden Fall im Vorfeld erkundigen, womit Sie bei dem Kunden, den Sie besuchen, punkten können. Klären Sie, ob Abläufe verbessert, Kosten reduziert, die Qualität gesteigert oder langfristige Lieferantenbeziehungen etabliert werden sollen.

Erkundigen Sie sich im Vorfeld

Was wollen meine Kunden?

Die Bedürfnisse von Kunden sind unterschiedlich. Bringen Sie in Erfahrung, was gewünscht wird, beispielsweise:

- günstige Preise
- geringe Eigenkapitalbindung (Leasing)
- Qualität
- Beratung
- feste Ansprechpartner
- Zukunftssicherheit
- Statussymbole

Problemlösungskompetenz herausstellen Wenn Sie in Verkaufspräsentationen Ihre Kompetenz herausstellen, ist eine Gratwanderung gefordert. Einerseits müssen Sie für Ihre Kunden deutlich machen, dass Sie über die notwendige Erfahrung verfügen und in Ihrem Fachbereich Profi sind. Andererseits dürfen Sie nicht übertrieben agieren. Wer behauptet, dass die Welt nicht ohne ihn und seine Produkte beziehungsweise Dienstleistungen existieren kann, wirkt unglaubwürdig. Der Königsweg lautet daher: beschreiben, ohne zu bewerten. Umreißen Sie die Geschäftsfelder Ihres Unternehmens, stellen Sie besondere Leistungen und Vorzüge heraus. Wenn man Sie noch nicht kennt, sollten Sie auch Ihre persönliche Erfahrung in der Kundenberatung und -betreuung nennen. Referenzkunden sind unverzichtbar, mit dem richtigen Namedropping verschaffen Sie sich Anerkennung, ohne sich selbst beweihräuchern zu müssen.

Mein Unternehmen steht für ...

»Ich freue mich, Ihnen heute die IT-Consulting-Angebote meines Unternehmens, der IT-Net AG, vorzustellen. Wir haben uns darauf spezialisiert, für mittelständische Kunden Wartungsaufträge zu übernehmen, Rechnerplattformen zu integrieren und EDV-Systeme zukunftssicher zu gestalten. Zu unseren Referenzkunden gehören die Milchprodukte GmbH, die Autohauskette ProCar AG und die Spedition Gebr. Müller & Söhne KGaA.«

Die grausame Gegenwart Zeigen Sie dem Kunden, dass Sie sich Gedanken über seine Situation gemacht haben. Gehen Sie auf die Zustände ein, die Sie mit Ihrer Leistung zum Besseren verändern könnten. Schildern Sie das Szenario, das sich schon jetzt oder auch in nächster Zukunft zum Problem auswachsen wird. Thematisieren Sie konkrete Problemstellungen, die Sie in Vorgesprächen erfragen konnten, oder operieren Sie mit allgemeinen Szenarien wie Verdrängungswettbewerb, Preisdruck, Nachfragemärkten oder Globalisierungsproblemen.

Ein konkretes Horror-Szenario

Beispiel

»Nach den Gesprächen, die ich mit Ihrer Logistikabteilung und Ihrem Beschwerdemanagement geführt habe, stellt sich die Situation folgendermaßen dar: Die Datenübermittlung funktioniert nicht. Jede siebte Sendung ist fehlerhaft gepackt. Die Kunden beschweren sich oder wechseln den Anbieter. Die Kosten für Gutschriften haben sich im vergangenen Quartal verdoppelt. So kann es nicht weitergehen.«

Ein allgemeines Horror-Szenario

Beispiel

»Bei dem Wettbewerbsdruck, der herrscht, werden nur die Unternehmen am Markt bleiben, die gut aufgestellt sind. Ich brauche Ihnen nicht auszumalen, was passieren würde, wenn weiterhin Informationen verloren gehen, Daten verfälscht abgebildet werden oder Zugriffe auf marktrelevante Ergebnisse nicht hinreichend möglich sind.«

Die goldene Zukunft Nach dem Elend der Gegenwart sollten Sie eine rosige Zukunft malen. Gehen Sie noch nicht direkt auf Ihre speziellen Angebote ein. Schildern Sie zunächst allgemein einen wünschenswerten Zustand, dem der Kunde auf jeden Fall zustimmen kann. Schaffen Sie ein Klima des gegenseitigen

Verständnisses. Machen Sie dem Kunden deutlich, dass Sie beide die gleichen Ansichten teilen und sich auf derselben Wellenlänge befinden. Versichern Sie sich der generellen Zustimmung, dass der Kunde die Notwendigkeit der Veränderung erkannt hat.

Dreams, dreams, dreams

»Marketing- und Vertriebsaktionen auf den Punkt zu bringen wird immer wichtiger. Mit einer optimal eingerichteten EDV werden Sie in Zukunft Kundenwünsche viel besser als bisher erkennen können. Sie werden wissen, welche Produkte der Kunde erwerben will, noch bevor er selbst seinen Wunsch erkennt.«

Verkaufsargumente Erst an dieser Stelle steigen Sie in die eigentliche Darstellung Ihres Angebotes ein. Sie können jetzt in einer Atmosphäre gegenseitigen Wohlwollens operieren. Der Kunde wird Ihnen vorurteilsfreier zuhören können, da er nicht mehr befürchten muss, dass Sie ihm unnütze Leistungen unterjubeln wollen. Stimmen Sie Ihre Argumentation auf die Kundenbedürfnisse ab. Denken Sie an die Analyse der Kundenwünsche, die Sie vor der Verkaufspräsentation durchgeführt haben. Bieten Sie Möglichkeiten an, die vorher skizzierte goldene Zukunft zu erreichen – natürlich geht dies nur mit Ihren Angeboten.

Ins Herz des Kunden

»Damit alle Beteiligten in Ihrem Unternehmen an einem Strang ziehen können, müssen die relevanten Informationen schnell abgefragt werden können. Wir bieten Ihnen ein Informationssystem, das Ihnen bei Ihren Projektarbeiten wirkungsvolle Unterstützung bietet. Damit Ihre Mitarbeiter ohne Reibungsverluste durchstarten können, werden wir die Einführung unserer Software mit praxiserprobten Schulungsmodulen begleiten. So kann das Tagesgeschäft weiterlaufen, während Sie die neuen Ziele anvisieren.«

Absprachen mit dem Kunden In Verkaufspräsentationen sollten Sie immer auf den Geschäftsabschluss hinarbeiten. Der schönste Vortrag nützt Ihnen nichts, wenn der Kunde den Vertrag nicht unterschreibt. Bleiben Sie am Ball. Vereinbaren Sie Folgetermine, Probeinstallationen oder Vorführungen, wenn Sie nicht auf dem direkten Weg zum Abschluss kommen. Unnötigen Druck auf Ihren Kunden sollten Sie vermeiden, um ihn nicht doch noch in den Rückzug zu treiben. Sie können ihn aber durchaus mit einigen »Leckerli« über die Ziellinie locken. Bieten Sie Sonderrabatte, Zusatzleistungen oder günstige Finanzierungen an, wenn sich der Kunde schnell entscheidet.

Handeln Sie jetzt

»Lassen Sie Ihrer Konkurrenz bei Innovationen nicht den Vortritt, handeln Sie jetzt. Wenn Sie sich bis zum Ende der CeBIT für mein Angebot entscheiden, kann ich Ihnen sogar den Messepreis bieten. Lassen Sie uns doch einen Termin für eine Probeinstallation auf ausgewählten Rechnern vereinbaren.«

Beispiel

Aus Interessenten werden Kunden

Machen Sie aus Interessenten mit bislang nur vagen Kaufabsichten Kunden, die bei Ihrem Angebot zugreifen. Bereiten Sie nun systematisch Ihre Verkaufspräsentation

Übung

vor. Nutzen Sie die Strukturierung, die wir Ihnen vorgestellt haben. Fixieren Sie Ihre Antworten stichwortartig, und halten Sie im Anschluss daran eine fünfminütige Verkaufspräsentation.

- Welche Bedürfnisse haben Ihre Kunden?

. . . .
. . . .
. . . .

- Wie stellen Sie Ihre Kompetenz heraus?

. . . .
. . . .
. . . .

- Wie sieht die »grausame Gegenwart« des Kunden aus?

. . . .
. . . .
. . . .

- Welche »goldene Zukunft« interessiert den Kunden?

. . . .
. . . .
. . . .

- Wie sieht Ihr Weg in die goldene Zukunft aus (Verkaufsargumente)?

. . . .
. . . .
. . . .

- Welche Absprachen mit dem Kunden bringen Sie einem Geschäftsabschluss näher?

. . . .

. . . .

. . . .

Mitarbeiter motivieren

Stärken Sie den Teamgeist

Als Führungskraft sind Sie immer wieder gefordert, Ihre Mitarbeiter auf neue Herausforderungen einzustimmen. Damit neben dem Tagesgeschäft besondere Aufgaben bewältigt werden können, muss die Überzeugung geweckt werden, dass sich die Anstrengungen auch lohnen. Für Mitarbeiter ist es wichtig, dass sie den Sinn in ihrem Handeln erkennen, sonst vermuten sie, dass sie Opfer willkürlicher Unternehmensentscheidungen sind. Wer sich der Willkür anderer ausgesetzt fühlt, resigniert schnell. Die Arbeitsmotivation sinkt dann rapide. Es ist also notwendig, von Zeit zu Zeit den Gemeinschaftsgeist zu stärken. Machen Sie aus Ihren Mitarbeitern eine verschworene Gemeinschaft, die sich gegenseitig unterstützt und mit Ihnen an einem Strang zieht.

So motivieren Sie

Wenn Ihre Mitarbeiter das Gefühl gewinnen, dass sie immer nur hinter unerreichbaren Vorgaben hinterherhecheln, wird ihnen schnell die Puste ausgehen. Strukturieren Sie Aufgaben so, dass Ihre Mitarbeiter Teilziele erreichen können, um sich auf diese Weise für weitere Anstrengungen zu motivieren. Stärken Sie das Durchhaltevermögen, indem Sie auf in der Vergangenheit bewältigte Aufgaben hinweisen. Machen Sie deutlich, dass auch die neuen Herausforderungen in den Griff zu bekommen sind. Erfolg wird erst dann süß, wenn ihn alle schmecken dürfen. Stellen Sie deshalb heraus, auf welche Weise Ihre Mitarbeiter von den Anstrengungen profitieren werden. Beschwören Sie abschließend das gemeinsam Ziel, um mit dem gesamten Team darauf hinzusteuern (siehe Übersicht 7).

Weisen Sie auf bewältigte Aufgaben hin

Aufbau einer motivierenden Ansprache

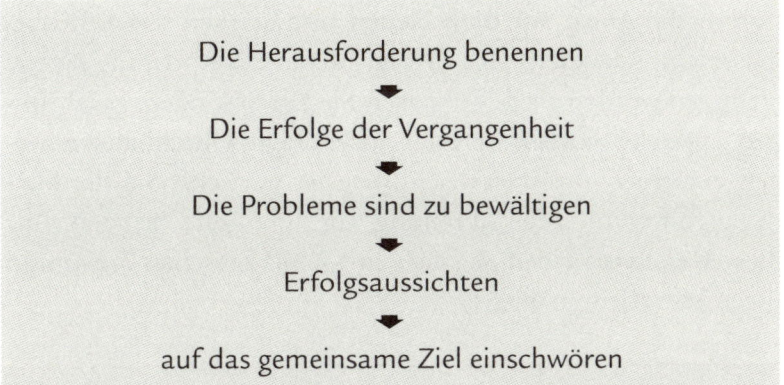

Die Herausforderung benennen

Die Erfolge der Vergangenheit

Die Probleme sind zu bewältigen

Erfolgsaussichten

auf das gemeinsame Ziel einschwören

Übersicht 7

Die Herausforderung benennen Begeben Sie sich nicht gleich in eine Verteidigungsposition, indem Sie sich für die zu erwartenden Mühen von vornherein entschuldigen. Bringen Sie zuerst die Sache auf den Punkt, und teilen Sie Ihren Mitarbeitern mit, was in nächster Zeit auf sie zukommt. Die Mitarbeiter ahnen meist schon, dass besondere Aufgaben im Anmarsch sind, und warten neugierig darauf, endlich die offizielle Bestätigung der stillen (Firmen-)Post zu bekommen. Driften Sie nicht in markige Parolen ab, und versuchen Sie auch nicht, die Dinge zu verniedlichen. Greifen Sie zu einer nüchternen Darstellung.

Was erwartet uns?

»In unserer Abteilung wird eine neue Software eingeführt werden. Für die Umstellung ist ein Zeitraum von drei Monaten vorgesehen. Zusätzlich werden wir besser mit den anderen Unternehmensbereichen vernetzt.«

Die Erfolge der Vergangenheit Um Menschen motivieren zu können, müssen Sie auf ihre Gefühle eingehen. Sprechen Sie deshalb positive Emotionen an. Am besten eignen sich Erfolgserlebnisse aus der Vergangenheit. Damit nehmen Sie Ihren Zuhörern die Angst vor dem Neuen und stärken das Selbstbewusstsein. Bilanzieren Sie Erfolge, die in der Abteilung bereits errungen worden sind. Verweisen Sie auf besondere Erfahrungen, spezielle Stärken und das ausgeprägte Durchhaltevermögen einzelner Mitarbeiter. Günstig ist es, wenn Sie die Meinungsführer in Ihrer Abteilung auf Ihre Seite bringen. Auf diese Weise vermeiden Sie, dass eine Kluft zwischen Ihnen und Ihren Mitarbeitern entsteht.

Weißt du, wie schön es einst war?

»Es ist ja nicht das erste Mal, dass wir uns in eine neue EDV einarbeiten. Frau Meyer und Herr Schmidt waren schon dabei, als die ersten Computer-Arbeitsplätze eingeführt wurden. Ich kann mich noch erinnern, wie wir alle zusammen herzhaft geflucht haben. Dann haben wir uns aber schnell an die Vorteile der neuen Technik gewöhnt. Heute sind unsere Tätigkeiten ohne EDV-Unterstützung nicht mehr denkbar. Wer von Ihnen möchte denn wirklich noch im Archiv nach Projektberichten, Teilespezifikationen und Lieferantenlisten kramen?«

Die Probleme sind zu bewältigen Machen Sie nun den Schritt in die Gegenwart. Nachdem Sie die erfolgreiche Vergangenheit beschworen haben, können Sie zu den anstehenden Aufgaben überleiten. Erklären Sie den Mitarbeitern, was von ihnen erwartet wird, und sichern Sie ihnen Unterstützung zu. Belassen Sie es nicht bei bloßen Absichtserklärungen. Bieten Sie den Mitarbeitern konkrete Hilfestellungen an. So zeigen Sie, dass Sie sich Gedanken über Ihre Mitarbeiter gemacht haben und sie mit der anstehenden Belastung nicht alleine gelassen werden.

Wir kriegen es in den Griff

»Die Aufgabe, vor der wir stehen, ist, das Tagesgeschäft am Laufen zu halten und gleichzeitig die Umstellung zu bewältigen. Das wird uns sicherlich fordern, ist aber in den Griff zu bekommen. Gemeinsam mit der Personalentwicklung haben wir Abteilungsleiter bereichsspezifische Schulungsmodule in Auftrag gegeben. Sie lernen also nur das, was wirklich wichtig ist. Erfahrene Schulungsreferenten werden Ihnen zur Seite stehen und Hilfestellung geben.«

Erfolgsaussichten Veränderungen gelingen dann optimal, wenn nicht nur Hilfestellung gegeben wird, sondern auch ein erstrebenswertes Ziel klar vor Augen steht. Natürlich hört mit dem Abschluss des Veränderungsprozesses die Arbeit im Unternehmen nicht auf. In der Regel werden sich aber Optimierungsgewinne einstellen, die letztendlich allen Mitarbeitern zugute kommen. Stärken Sie die Eigenmotivation der Mitarbeiter, indem Sie auf Entwicklungsmöglichkeiten eingehen und herausarbeiten, was sich künftig verbessern wird.

Auf uns warten Belohnungen

»Ich hatte es am Anfang schon gesagt: Immer wenn neue Arbeitsabläufe eingeführt werden, gibt es zuerst Bedenken und Widerstände, die sich aber schnell im Winde zerstreuen. Wenn wir die Phase der Umstellung bewältigt haben, können wir viel schneller auf Informationen zugreifen und uns die gesamte Arbeit ein wenig leichter machen. Ich bin mir sicher, dass die künftigen Erleichterungen uns für den vorübergehenden höheren Arbeitseinsatz entschädigen werden.«

Aufs gemeinsame Ziel einschwören Nachdem Sie den Mitarbeitern klar gemacht haben, dass die neuen Aufgaben zu bewältigen sind, dass sie nicht alleine gelassen werden und dass sie von neuen Entwicklungen auch profitieren werden, gilt es abschließend, den Teamgeist zu stärken. Schaffen Sie eine Aufbruchstimmung, die Ihre Mitarbeiter dazu bewegt, die Herausforderung anzunehmen.

Eine verschworene Gemeinschaft

Beispiel

»Wir haben schon so viel gemeinsam auf die Beine gestellt, dass wir die neue Aufgabe fast schon ›mit links‹ bewältigen können. Ich weiß, dass ich mich auf Sie verlassen kann, und mit der guten Atmosphäre hier in der Abteilung werden wir uns auch gegenseitig unterstützen können. Packen wir's an, und zeigen wir den anderen Abteilungen, wie man es richtig macht.«

Ein motivierender Vortrag

Übung

Verdeutlichen Sie Ihren Mitarbeitern, dass Sie ihre Leistungen anerkennen und auch künftig auf ihre Unterstützung angewiesen sind. Setzen Sie mit einer Motivationsrede neue Energien frei. Mithilfe unseres Schemas können Sie Ihren Vortrag vorbereiten. Gehen Sie zunächst die Fragen durch. Halten Sie danach eine Proberede, mit der Sie zuerst einmal sich selbst mitreißen.

- Wofür brauchen Sie die Unterstützung Ihrer Mitarbeiter?

. . . .
. . . .
. . . .

- An welche besonderen Leistungen können die Mitarbeiter anknüpfen?

. . . .
. . . .
. . . .

- Wie sind die neuen Aufgabenstellungen in den Griff zu bekommen?

. . . .
. . . .
. . . .

- Was bringen die besonderen Anstrengungen den Mitarbeitern?

. . . .
. . . .
. . . .

- Wie beschwören Sie den Gemeinschaftsgeist?

. . . .
. . . .
. . . .

Konferenzen in den Griff bekommen

Es wird regelmäßig beklagt, dass viele in Konferenzen hineingehen, aber wenig herauskommt. Das ist schade, denn damit wird die produktive Auseinandersetzung mit neuen Konzepten, Ideen und Aufgabenstellungen erschwert. Die Zeiten, in denen **Von der** Arbeitsanweisungen von oben herab gegeben wurden und ein- **Gruppe** fach ausgeführt werden mussten, sind vorbei. Heute tragen alle **zum Team** Mitarbeiter eine Mitverantwortung für die Ausgestaltung ihres Arbeitsbereiches. Sie müssen Rückmeldung über Fortschritte geben, die Verwertbarkeit neuer Ideen beurteilen und Fehlentwicklungen rechtzeitig entgegenwirken. Hinzu kommt, dass die Arbeit in interdisziplinären Projektteams zunimmt. Sitzen Vertreter aus den Abteilungen Entwicklung, Produktion, Marketing, Verkauf, IT und Service an einem Tisch, muss zunächst einmal eine gemeinsame Basis für effektives Zusammenarbeiten geschaffen werden.

So stellen Sie Projekte vor

Sicherlich ist es gar nicht so einfach, engagierte Kollegen und Mitarbeiter (und interne Konkurrenten) auf ein gemeinsames Ziel einzuschwören. Die Verantwortung dafür, ob neue Aufgaben oder Projekte mithilfe einer Präsentation zum Laufen ge- **Interesse** bracht werden, liegt zunächst beim Vortragenden. Es kommt **für die** darauf an, Interesse für die eigenen Ideen und Leistungen zu **eigenen Ideen** erwecken und sich so der Unterstützung im Unternehmen zu **entwickeln** versichern. Kritische Stimmen dürfen nicht einfach mundtot gemacht werden, aber auch nicht die Oberhand gewinnen. Nehmen Sie selbst einen Chancen-Risiken-Abgleich vor, um die Fäden in der Hand zu behalten. Lassen Sie sich Ihr Konzept nicht zerreden. Betonen Sie die Relevanz Ihrer Vorschläge für das Unternehmenswohl (siehe Übersicht 8).

Aufbau für Projektpräsentationen

Kurzcharakterisierung des Projektes

↓

Relevanz des Projektes für das Unternehmen

↓

ausführliche Darstellung des Projektes

↓

Chancen und Risiken

↓

Unterstützung einfordern

Übersicht 8

Kurzcharakterisierung des Projektes Steigen Sie nicht gleich in die ausführliche Projektbeschreibung ein. Die Gefahr ist sonst zu groß, dass Ihnen einige Zuhörer nicht folgen können oder der Eindruck entsteht, dass Sie als Spezialist nur auf Ihrem Lieblingssteckenpferd herumreiten wollen. Beginnen Sie mit einer kurzen Charakterisierung Ihres Projektes. Knüpfen Sie dabei nach Möglichkeit an Vorinformationen der Zuhörer an. Versuchen Sie zunächst, Aufmerksamkeit für Ihr Anliegen zu erreichen, bevor Sie es detailliert vor den Kollegen ausbreiten.

Aufmerksamkeits-Input

»Wir haben ein hoch interessantes Produkt in der Pipeline. Das von uns entwickelte Medikament wird die Innovation der nächsten Jahre sein. Sie alle haben sicherlich mitverfolgen können, dass sowohl die Öffentlichkeit als auch das Fachpublikum ständig wirksame Mittel gegen Viruserkrankungen fordern. Nun ist es uns gelungen, eine Substanz zu finden, die bei viralen Infektionen den gleichen Fortschritt bedeutet wie die Erfindung des Penicillins bei bakteriellen Erkrankungen.«

Beispiel

Relevanz des Projektes für das Unternehmen Bekennen Sie sich auch in internen Projektpräsentationen zur Kundenorientierung. Schließlich sind die anderen Abteilungen Abnehmer Ihrer Ideen. Vermeiden Sie den Eindruck, dass Sie mit Ihren Projekten stets nur »im eigenen Saft kochen«. Stellen Sie klar den Nutzen Ihres Projektes für das Unternehmen im Allgemeinen und einzelne Abteilungen im Besonderen heraus. Wenn deutlich wird, dass das Unternehmen von Ihren Vorschlägen profitieren kann, wird die Bereitschaft, Ihnen zuzuhören und Sie zu unterstützen, enorm wachsen.

Der Nutzen für das Unternehmen

Was haben wir davon?

Beispiel

»Wenn wir die Substanz als Medikament auf den Markt bringen, bedeutet das nicht nur einen finanziellen Gewinn für das Unternehmen. Wir werden die Position des innovativen Marktführers einnehmen. Auch der Sympathiegewinn in der Öffentlichkeit ist nicht zu unterschätzen. Zudem werden wir positive Effekte für alle unsere Produkte erzielen können. Die Ausstrahlungswirkung unserer Neuheit wird den Verkauf unserer bewährten Produkte erneut ankurbeln. Mit einem neuen Medikament als Flaggschiff wird uns die Auseinandersetzung mit Generikaherstellern erheblich leichter fallen.«

Ausführliche Darstellung des Projektes Nachdem Sie die Basis dafür geschaffen haben, dass man Ihnen aufmerksam zuhört, können Sie in die ausführliche Projektbeschreibung einsteigen. Lassen Sie Ihre Fachkompetenz aufblitzen. Achten Sie aber darauf, dass Ihr Vortrag für alle Zuhörer verständlich bleibt. Sie wissen ja vornherein, wer Ihnen zuhören wird. Schneiden Sie Ihren Sprachgebrauch auf die Bedürfnisse des Publikums zu.

Fakten, Fakten, Fakten

»Die chemische Formel der neuen Substanz habe ich Ihnen als Folie vorbereitet. In der Frage der Galenik müssen wir noch weitere Versuchsreihen fahren. Die uns bisher vorliegenden Ergebnisse stelle ich Ihnen nun ausführlicher vor. Anschließend werde ich Marktforschungsergebnisse präsentieren, dann geht es noch um die weiteren Schritte bis zu einer möglichen Zulassung.«

Chancen und Risiken Ihre Glaubwürdigkeit steigt, wenn Sie nicht nur in den höchsten Tönen von Ihren Visionen schwärmen, sondern Ihre Ideen auch auf Praktikabilität hin bewerten. Die Erfahrung lehrt, dass jeder Chance auch ein Risiko innewohnt. Thematisieren Sie selbst die Risiken, um Widerständen bei Ihren Zuhörern die Spitze zu nehmen. Sie vermeiden es, in eine Abwehrschlacht für Ihre Ideen ziehen zu müssen, wenn Sie die zu erwartenden kritischen Äußerungen aus dem Publikum vorwegnehmen und abschwächen. Die Gewichtung der Chancen und Risiken können Sie letztendlich in Ihrem Sinne beeinflussen. Stellen Sie Chancen klar heraus, und entkräften Sie Vorbehalte.

Wer nichts wagt, der nichts gewinnt

»Unsere Mitbewerber sind an ähnlichen Entwicklungen dran. Es ist selbstverständlich so, dass derjenige, der zuerst mit seinem Medikament auf dem Markt ist, von den anderen nur schwer eingeholt werden kann. Wir operieren also unter enormem Zeitdruck und wissen noch nicht hundertprozentig, ob wir das Medikament zulassungsreif bekommen. Die Aussichten sind jedoch so vielversprechend, dass wir bereits jetzt einige Meldungen streuen könnten, welche die Aufmerksamkeit auf unser Unternehmen lenken. Garantien gibt es im Bereich der Forschung und Entwicklung nicht. Meiner Überzeugung nach sollten wir aber diesen vielversprechenden Weg verfolgen.«

Unterstützung einfordern Gute Ideen verwirklichen sich nicht von selbst. Es reicht nicht aus, Ihre Kollegen und Mitarbeiter zu informieren. Sie müssen auch konkret äußern, welche Unterstützung Sie von wem benötigen. Gewinnen Sie Verbündete, als Einzelkämpfer werden Sie Ihre Ziele nicht erreichen können. Nutzen Sie die Gelegenheit, Ihr Anliegen voranzutreiben, wenn Entscheider Ihrer Projektpräsentation beiwohnen. Schmieden Sie das Eisen, solange es noch heiß ist.

Ressourcenplanung

Beispiel

»Um die Entwicklung weiter vorantreiben zu können, benötigen wir weitere Kapazitäten. Da uns, wie ausgeführt, die Konkurrenz auf den Fersen ist, kommen wir nicht daran vorbei, Energien zu bündeln. Ich beantrage die Ausweitung meines Forschungsteams und eine Aufstockung meines Etats um zehn Prozent. Nur so können wir sicherstellen, dass unsere Mitbewerber nicht an uns vorbeiziehen.«

Vom Wort zur Tat

Übung

Setzen Sie Ihre Vorstellungen im Kollegenkreis durch, und beeindrucken Sie Vorgesetzte mit einer durchdachten Präsentation. Je besser Sie eigene Projekte darstellen, desto mehr Unterstützung wird man Ihnen gewähren. Bauen Sie Ihre Projektvorstellung sorgfältig anhand unseres Schemas auf. Nutzen Sie unsere Fragen, um das Schema mit Leben zu füllen. Um Sicherheit zu gewinnen, sollten Sie Ihren Vortrag mehrmals laut halten.

- *Um welches Projekt geht es?*

. . . .

- *Warum wird das Unternehmen vom Projekt profitieren?*

  . . . .

  . . . .

- *Wie sieht das Projekt im Detail aus?*

  . . . .

  . . . .

- *Welche Chancen und Risiken beinhaltet das Projekt?*

  . . . .

  . . . .

- *Welche Unterstützung brauchen Sie?*

  . . . .

  . . . .

Repräsentationsaufgaben wahrnehmen

Je höher Sie in der Firmenhierarchie aufsteigen, desto häufiger werden Sie mit der Aufgabe betraut werden, Ihr Unternehmen bei offiziellen Anlässen zu vertreten. Es erwarten Sie beispielsweise Eröffnungen von Fachmessen, Vorträge vor Wirtschaftsverbänden oder Begrüßungsworte bei kulturellen Anlässen.

Das Unternehmen im Rampenlicht Vorträge mit repräsentativem Zweck müssen anders gehalten werden als Fachvorträge. Es gilt, das Publikum auf Interesse, gute Laune oder Spendenbereitschaft einzustimmen. Ihre Persönlichkeit steht im Mittelpunkt der Repräsentationsaufgaben. Ein souveräner Auftritt dient nicht nur Ihrem persönlichen Ansehen in der Öffentlichkeit, er rückt auch Ihr Unternehmen in ein günstiges Licht.

So werden Sie zum Aushängeschild der Firma

Bei offiziellen Anlässen spielt immer auch das Protokoll eine Rolle. Die Form sollte gerade am Anfang gewahrt werden. Wichtige Persönlichkeiten werden beispielsweise vorgestellt. Ehrengäste im Publikum wollen namentlich erwähnt werden. Das Vortragsziel ist nicht, fachlich zu brillieren, sondern in angenehmer Erinnerung zu bleiben. Lockere Souveränität kommt gut an. Befriedigen Sie die emotionalen Bedürfnisse Ihrer Zuhörer, indem Sie kleine Geschichten erzählen oder witzige Anekdoten einfließen lassen. Damit Ihr Vortrag nicht in Heiterkeit ertrinkt, sollten Sie auch ein paar ausgewählte Fakten vorstellen. Im Gegensatz zu Präsentationen im Unternehmen dürfen Sie Ihre Zuhörer am Ende auch einmal dazu auffordern, sich zu vergnügen (siehe Übersicht 9).

Aufbau einer Rede zu offiziellen Anlässen

Übersicht 9

Vorstellung

▼

Begrüßung des Publikums

▼

Begrüßung ausgewählter Gäste

➡

Redeanlass thematisieren

➡

Geschichten, Beispiele, Anekdoten

➡

ein paar markante Fakten

➡

Handlungsaufforderung

Vorstellung Üblicherweise werden Sie bei offiziellen Redean- **Stimmen Sie sich ab**
lässen eingeführt. Überlassen Sie Ihre Vorstellung nicht dem
Zufall. Stimmen Sie sich im Vorfeld der Rede mit den Veran-
staltern ab und stellen Sie einige wesentliche Daten zu Ihrer
Person in Schriftform zur Verfügung. Wenn Sie sich mit Ihren
Zuhörern selbst bekannt machen sollen, charakterisieren Sie
kurz Ihre berufliche Stellung und Ihr Unternehmen.

Wer spricht?

»Ich freue mich, auf Einladung des Messebeirates heute einige Worte an
Sie richten zu können. Mein Name ist Hans-Peter Surmann, ich bin Vorstandsvorsitzender der Technik AG. Wir sind ein mittelständischer Anbieter von Elektronikbausteinen und unterhalten Auslandsniederlas-
sungen auf der ganzen Welt.«

Beispiel

Begrüßung des Publikums Stimmen Sie bereits in der Begrüßung das Publikum auf die Veranstaltung ein. Betonen Sie das
besondere Interesse an dem Thema. Einen Sie die Zuhörerschaft, indem Sie auf gemeinsame Vorlieben verweisen.

Einige herzliche Worte

»Guten Abend, meine Damen und Herren. Es ist schön, dass Sie mit mir die Begeisterung für technische Innovationen teilen. Ob als Firmenvertreter oder Anwender, diese Messe hält viele spannende Neuerungen für Sie bereit. Die Mitarbeiter an den Ständen freuen sich schon darauf, Ihnen Informationen geben zu können und Ihre Rückmeldungen aufzunehmen. Herzlich willkommen auf der größten Technikmesse Nordeuropas!«

Begrüßung ausgewählter Gäste Bei offiziellen Redeanlässen ist es viel schlimmer, einen wichtigen Gast bei der Begrüßung unerwähnt zu lassen, als einige Fakten im Vortrag wegzulassen. Die Honoratioren geben sich zwar gerne zurückhaltend, aber wenn Sie als Redner deren Namen zurückhalten, ist Ärger hinter den Kulissen vorprogrammiert. Lassen Sie sich rechtzeitig vor dem Vortrag eine Liste der wichtigen Gäste geben, die unbedingt einer Erwähnung bedürfen. Auf diese Weise können Sie auch die Aussprache komplizierter (Doppel-)Namen vorbereiten und sich an die Ehrentitel der VIPs gewöhnen.

Seid ihr alle da?

»Ganz besonders freue ich mich darüber, dass zahlreiche Entscheider aus Politik, Verwaltung und Wirtschaft den Weg zu uns gefunden haben. Ausdrücklich begrüßen möchte ich den Staatssekretär Herrn Meyer, die Vorstandsvorsitzende der Tronik GmbH und Honorarkonsulin der Republik Senegal, Frau Clairard-Zypricinszki, und den Vorsitzenden der Unternehmensverbände Nord, Herrn Dr. Dr. Petermann. Ohne Sie wäre die heutige Veranstaltung nicht möglich gewesen. Deshalb an dieser Stelle ein ausdrückliches ›Dankeschön‹ für Ihr Engagement.«

Redeanlass thematisieren Nach so viel Aufmerksamkeit für die Zuhörerschaft können Sie sich nun dem eigentlichen Redeanlass widmen. Entweder gehen Sie zu einem in die Repräsentationsaufgaben eingebundenen Fachvortrag über, oder Sie thematisieren den Lebenslauf einer zu ehrenden Persönlichkeit, die Arbeit einer Künstlergruppe oder das Engagement einer ehrenamtlich getragenen Institution.

Der Zweck der Zusammenkunft

»Ich möchte Ihnen heute den Mittelstand als entscheidenden Innovationsträger im Technikbereich näher bringen. Anhand zahlreicher Beispiele möchte ich Sie davon überzeugen, dass es ohne den Mittelstand schlecht um die Schlagkraft des Standorts Deutschland stehen würde. Was bietet nun der Mittelstand? Und welche Unterstützung wäre in der Zukunft wünschenswert?«

Beispiel

Geschichten, Beispiele, Anekdoten Halten Sie sich nicht zu lange mit trockenen Fakten auf. Ihr Publikum hat vorrangig das Bedürfnis, unterhalten zu werden. Professionelle Redner wissen, dass sie ihre Zuhörer mit spannenden Anekdoten packen können und dass auch einmal herzhaft gelacht werden darf. Humor ist auf der Rednerbühne eine knifflige Sache. Es passiert immer wieder, dass ein Witz erzählt wird und der Redner dann auf das Lachen wartet, das sich nicht einstellen will. Machen Sie es sich im Zweifelsfall leichter. Setzen Sie nicht zu sehr auf humorige Einschübe. Erzählen Sie lieber Geschichten, die Ihren Zuhörern Aha-Effekte vermitteln und ihnen ein Schmunzeln entlocken.

Damals

»Als ich 1992 mit dem damaligen Staatssekretär über ein neues Industriegebiet sprach, fragte er mich gleich, ob wir nicht auch Verbesserungen in der Technikvermarktung bräuchten. Seiner Meinung nach wäre

Beispiel

ein Technologietransfer-Zentrum doch unabdingbar für die Wirtschaft. Gemeinsam haben wir für dieses Zentrum gekämpft. Schließlich wusste ich, wie viel Potenzial in den Betrieben unserer Region steckte. Politik und Wirtschaft müssen also nicht auf unterschiedlichen Seiten stehen. Zusammen können wir einiges bewegen.«

Ein paar markante Fakten Lassen Sie die Gelegenheit nicht aus, den Zuhörern einige Fakten mit auf den Weg zu geben. Hier liegt die Kunst in der Beschränkung. Überschätzen Sie das Aufnahmevermögen der Zuhörer bei offiziellen Anlässen nicht. Nicht selten ist der Gedanke an das kalte Büfett so dominierend, dass er eine Informationsaufnahme ohnehin blockiert. **Vorlagen für Small Talk** Dennoch sollten Sie Ihrem Publikum ein wenig Input geben. So erleichtern Sie auch die Kontaktaufnahme der Zuhörer untereinander nach dem Vortrag. Ihre Statements werden sicherlich dankbar als Small-Talk-Aufhänger genutzt werden. So schaffen Sie eine kommunikative Atmosphäre und bleiben über Ihren Vortrag hinaus im Gespräch.

Infotainment

Beispiel

»Wenn Sie einen kurzen Blick auf die Folie werfen, sehen Sie, dass die Zahl der Patentanmeldungen in den vergangenen Jahren wieder gestiegen ist, nachdem wir eine lange Talsohle durchschritten haben. Die Gründe dafür und Überlegungen, welche Lehren wir daraus für die Zukunft ziehen sollten, möchte ich Ihnen jetzt im Einzelnen vorstellen.«

Handlungsaufforderung Beschränken Sie sich am Ende Ihres Vortrages nicht auf die Aussage »Das Büfett ist hiermit eröffnet!«. Weisen Sie die Zuhörer darauf hin, welchen Nutzen sie aus der Veranstaltung ziehen können. Eine Handlungsaufforderung zu geben, bedeutet nicht, dass alle Zuhörer unmittelbar in Aktion versetzt werden müssen. Oft bietet sich auch der Hinweis an, sich über bestimmte Themen oder Entwicklungen einmal weitere Gedanken zu machen oder auch einfach nur die Veranstaltung zu genießen.

Genießen Sie es!

»Genießen Sie die Aufbruchstimmung, die bei den Ausstellern auf dieser Messe herrscht. Gehen Sie zu den Ständen, suchen Sie das persönliche Gespräch, und lassen Sie sich erklären, wie viel Potenzial in den neuen Entwicklungen der Unternehmen steckt. Vielen Dank für Ihre Aufmerksamkeit. Ich wünsche Ihnen einen interessanten Messebesuch!«

Beispiel

Einer für alle

Immer wenn Sie bei offiziellen Anlässen als Firmenrepräsentant auftreten, stehen Sie für das Bild des Unternehmens in der Öffentlichkeit ein. Überlassen Sie die Außenwirkung nicht dem Zufall. Bringen Sie Ihre persönliche Souveränität ins Spiel, um zu überzeugen. Unsere Fragen geben Ihnen Hilfestellung bei der Entwicklung Ihres Vortrages.

Übung

- *Wie möchten Sie vorgestellt werden?*

. . . .

. . . .

. . . .

- *Welche Begrüßung ist angemessen für das Publikum?*

. . . .

. . . .

. . . .

- *Welche Gäste dürfen Sie nicht vergessen zu erwähnen?*

. . . .

. . . .

. . . .

- *Welche Veranstaltung findet statt?*

. . . .

. . . .

. . . .

- *Welche Geschichten, Beispiele und Anekdoten fallen Ihnen zum Vortragsthema ein?*

. . . .

. . . .

. . . .

- *Was muss zum Thema angemerkt werden?*

. . . .

. . . .

. . . .

- *Welche Anregungen können Sie Ihren Zuhörern geben?*

. . . .

. . . .

. . . .

Schlechte Nachrichten überbringen

Es schafft zwar die Probleme nicht aus der Welt, wenn der Bote, der die schlechten Nachrichten überbringt, geköpft wird. Die

Schlagfertigkeit in Aktion

Versuchung ist für ein aufgebrachtes Publikum aber immer groß. Lassen Sie sich deshalb auf keinen Fall in die Rolle des Sündenbocks drängen, wenn Sie einmal schlechte Nachrichten zu überbringen haben.

Ganz wichtig ist, dass Sie Polarisierungen vermeiden. Wenn Sie in gegenseitige Schuldzuweisungen abdriften, machen Sie es sich sehr schwer, sich gegen eine aufgebrachte Menge zu behaupten. Stellen Sie lieber ein Wir-Gefühl her. Vermitteln Sie den Zuhörern, dass Sie deren Sorgen und Nöte erkannt haben und bereit sind, sich an einer aktiven Problemlösung zu beteiligen. **Driften Sie nicht in Schuldzuweisungen ab**

So verpacken Sie unerfreuliche Mitteilungen

Sie sollten Probleme nicht unter den Tisch kehren. Ihr Publikum hat ein Recht darauf, von Schwierigkeiten unterrichtet zu werden, die es unmittelbar betreffen. Zudem steigert es Ihre Glaubwürdigkeit, wenn Sie nicht um den heißen Brei herum, sondern Klartext reden. Deutliche Äußerungen sollten Sie aber nicht mit drastischen Ausführungen verwechseln. Treiben Sie Ihre Zuhörerschaft nicht in Panik hinein. Sonst werden Sie die brodelnden Emotionen nicht wieder in den Griff bekommen. Es geht für Sie also darum, die schlechten Nachrichten so zu verpacken, dass sie von den Zuhörern akzeptiert werden können. Ganz wesentlich gehört dazu, dass Sie Auswege aus der momentanen Krise aufzeigen. Geben Sie einen versöhnlichen Ausblick, um Ihrem Publikum die Zukunftsängste zu nehmen (siehe Übersicht 10).

Reden Sie Klartext

Aufbau einer Rede
zur Übermittlung schlechter Nachrichten

Übersicht 10

neutrale Beschreibung des Redeanlasses

▼

Verständnis äußern

▼

Problemschilderung

▼

vom Schlechten das Beste

▼

versöhnlicher Ausblick

Neutrale Beschreibung des Redeanlasses Lassen Sie Ihr Publikum nicht im Ungewissen, stellen Sie gleich an den Anfang Ihrer Ausführungen, um welche Problematik es geht. Wenn Sie versuchen, den Anfang Ihrer Rede mithilfe von nichtssagenden Floskeln zu überstehen, werden die Zuhörer ungehalten reagieren. Sie vermuten dann, dass Sie sie mit Beschwichtigungsmanövern und Beschwörungsformeln abspeisen wollen. Besser ist es, die Probleme gleich am Anfang zu thematisieren. Bleiben Sie dabei aber betont sachlich, machen Sie eine nüchterne Bestandsaufnahme.

Weg von den Emotionen

»Es stehen Umstrukturierungen in der Produktion ins Haus. Es sollte in unser aller Interesse sein, wieder für eine bessere Auslastung einzelner Produktionsbereiche zu sorgen. So wie bisher können wir nicht weitermachen. Ich glaube, das ist auch allen Beteiligten in der letzten Zeit klar geworden.«

Verständnis äußern Bevor Sie in detaillierte Problemschilderungen einsteigen, sollten Sie ein Wir-Gefühl herstellen. Versichern Sie den Zuhörern, dass deren Sorgen und Befürchtungen auch Ihre eigenen sind. Wenn Sie es schaffen, eine »Wir-sitzen-alle-im-gleichen-Boot«-Stimmung zu erzeugen, steigt die Bereitschaft, Ihnen zuzuhören. Hüten Sie sich vor unrealistischen Zusagen oder voreiligen Versprechen. Versuchen Sie auch nicht, die Zuhörer mit versteckten Drohungen zu disziplinieren. Ihr Ziel sollte sein, mit dem Publikum ein Stillhalteabkommen zu schließen, um in Ruhe Ihre Ausführungen machen zu können.

Ich kenne Ihre Sorgen

»Bei den nun anstehenden Maßnahmen werden sich sicherlich viele von Ihnen fragen: ›Wie geht es mit mir weiter?‹ Immer wenn Unsicherheit herrscht, kommt es schnell zu großen Befürchtungen. Auch wir im Management sind sehr unglücklich darüber, dass wir den Erfolg der Umstrukturierungen noch nicht hundertprozentig absehen können. Bei unserem weiteren Vorgehen werden wir aber auf jeden Fall die persönliche Arbeitssituation jedes Einzelnen berücksichtigen.«

Problemschilderung Nachdem Sie die Beziehungsebene von Belastungen frei gemacht haben, können Sie in die eigentliche Problemschilderung einsteigen. Verfallen Sie nicht in den Fehler ungeübter Redner, nur die negativen Konsequenzen einer problematischen Situation zu thematisieren. Versuchen Sie **Erklären Sie** auch nicht, die Zuhörer für dumm zu verkaufen. Zeigen Sie **Schwierig-** Zusammenhänge auf, zeichnen Sie für das Publikum Abhän- **keiten** gigkeiten nach, und machen Sie Fehlentwicklungen nachvollziehbar. Erklären Sie, wie es zu den Schwierigkeiten kommen konnte und warum nun schmerzhafte Einschnitte nötig werden.

Etwas läuft schief

Beispiel

»In drei unserer Produktionsbereiche haben wir wegen Absatzeinbrüchen Schwierigkeiten, die Produktion auszulasten. Die Kosten laufen uns momentan davon. Wenn wir noch länger warten, müssen notwendige Investitionen verschoben werden, was wiederum unsere Wettbewerbsfähigkeit schwächen wird. Zudem benötigen wir Geld für neue Produktentwicklungen, um uns neue Märkte erschließen zu können.«

Vom Schlechten das Beste Auch schlechten Nachrichten lässt sich etwas Gutes abgewinnen. Allerdings nur dann, wenn Ihre Zuhörer zu der Überzeugung gelangen, dass es noch schlechter hätte kommen können. An dieser Stelle haben Sie in Ihrem Vortrag einen Gestaltungsspielraum, den Sie nutzen sollten. Arbeiten Sie heraus, dass die notwendigen Maßnahmen Schlimmeres vermeiden werden. Das Schlimmere sollte aber für das Publikum plausibel klingen. Ausführungen nach dem Motto »Was regen Sie sich so auf? Sie verlieren doch nur Ihren Arbeitsplatz, viele andere Menschen auf der Welt verlieren in diesem Moment ihr Leben!« greifen nicht.

Es hätte schlimmer kommen können

Beispiel

»Wir haben keine Alternative, als zumindest einen der defizitären Produktionsbereiche zu schließen. Die in diesem Bereich Beschäftigten werden wir nach Möglichkeit in den anderen Produktionsbereichen einsetzen. Dazu werden wir mit den Betroffenen Einzelgespräche führen und individuelle Strategien ausarbeiten. Bedenken Sie, dass wir mit jedem weiteren Zögern die anderen Produktionsbereiche in Gefahr bringen. Wir müssen unsere Geschäftstätigkeit jetzt stabilisieren, sonst gerät das ganze Unternehmen ins Trudeln.«

Versöhnlicher Ausblick Jede Krise wird erträglicher, wenn die Hoffnung bleibt. Menschen brauchen gerade in schlechten Zeiten Zukunftsvisionen, um sich weiter engagieren zu können. Bleiben Sie niemals bei der Schilderung von Problemen stehen. Machen Sie das Licht am Ende des dunklen Tunnels sichtbar. Geben Sie immer einen Ausblick auf die Chancen, die auch die schlimmste Krise bereithält. Auch an dieser Stelle sollten Sie einen gewissen Realitätssinn an den Tag legen, um nicht unglaubwürdig zu wirken.

Das Prinzip Hoffnung

Beispiel

»Wenn wir alle an einem Strang ziehen, werden wir es schaffen, uns im Markt zu behaupten. Nach der nun anstehenden Phase der Unsicherheit, die uns alle belastet, werden wir wieder zu verlässlichen Planungen zurückkehren können. Lassen Sie uns gemeinsam diese schwierige Phase bewältigen, um uns eine erfolgreiche Zukunft zu eröffnen.«

Der Engel der Apokalypse

Übung

Nicht immer ist der Redeanlass erfreulich. Gelegentlich müssen Sie auch die düsteren Schattenseiten im Firmenalltag kommentieren. Machen Sie deutlich, dass Sie Verständnis für die Sorgen Ihrer Zuhörer haben, die Probleme aber nicht totgeschwiegen werden können. Schulen Sie mithilfe der Fragen Ihr diplomatisches Geschick. Trainieren Sie anschließend, schlechte Nachrichten gelassen zu überbringen, halten Sie mit lauter Stimme einige Probevorträge.

- *Wie lässt sich der Redeanlass neutral darstellen?*

  ....
  ....
  ....

- *Welche Sorgen und Nöte könnten Ihre Zuhörer plagen?*

  ....
  ....
  ....

- *Welche Probleme sind aufgetreten?*

  ....
  ....
  ....

- *Hätte es noch schlimmer kommen können?*

  ....
  ....
  ....

- *Gibt es Licht am Ende des Tunnels?*

. . . .

. . . .

. . . .

Auf einen Blick

Überzeugen im Beruf: spezielle Tipps für den Business-Alltag

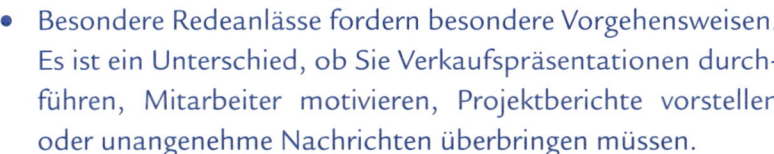

- Redesituationen im beruflichen Kontext souverän bewältigen zu können, ist ein wichtiger Karrierefaktor.

Im Blick

- Besondere Redeanlässe fordern besondere Vorgehensweisen. Es ist ein Unterschied, ob Sie Verkaufspräsentationen durchführen, Mitarbeiter motivieren, Projektberichte vorstellen oder unangenehme Nachrichten überbringen müssen.
- Wer regelmäßig Verkaufspräsentationen durchführt, steht unter einem erheblichen Erfolgsdruck. Eine professionelle Vorbereitung hilft Ihnen dabei, Ihre Kunden zu überzeugen.
- Um das Herz Ihrer Kunden zu gewinnen, müssen Sie Kundenbedürfnisse analysieren, Ihre Problemlösungskompetenz herausstellen, Wege von einer grausamen Gegenwart hin zu einer goldenen Zukunft aufzeigen, Verkaufsargumente liefern und mit Absprachen dem Geschäftsabschluss näher kommen.
- Als Führungskraft werden Sie Mitarbeiter immer wieder auf neue Herausforderungen einstimmen müssen. Stärken Sie den Abteilungszusammenhalt mit motivierenden Ansprachen.
- Um Mitarbeiter zu motivieren, müssen Sie die neue Herausforderung benennen, Erfolge der Vergangenheit beschwören, Probleme als lösbar darstellen, Erfolgsaussichten umreißen und Ihr Team auf das gemeinsame Ziel einschwören.
- Wenn Sie in Konferenzen Projekte vorstellen, liegt es wesentlich an Ihrer Präsentation, ob man Ihnen in Ihrem Arbeitsbe-

reich weitgehende Unterstützung gewähren wird. Setzen Sie sich mit überzeugenden Projektpräsentationen in Szene.

- Kollegen und Vorgesetzte lassen sich beeindrucken, wenn Sie eine allgemein verständliche Kurzcharakterisierung liefern, die Relevanz des Projektes für den Unternehmenserfolg herausstellen, in einer ausführlichen Darstellung Ihr Spezialistenwissen aufblitzen lassen, Chancen und Risiken gegeneinander abwägen und gezielt Unterstützung einfordern.

- Je weiter Sie in der Firmenhierarchie nach oben kommen, desto häufiger werden Sie auch Repräsentationsaufgaben wahrnehmen müssen. Stärken Sie Ihr Ansehen in der Öffentlichkeit, und machen Sie mit guten Reden auf Ihr Unternehmen aufmerksam.

- Offizielle Redeanlässe bewältigen Sie mit einer kurzen Vorstellung Ihrer Person, der Begrüßung des Publikums und ausgewählter Gäste, einer interesseweckenden Thematisierung des Redeanlasses, mit Geschichten, Beispielen und Anekdoten. Nach ein paar markanten Fakten sollten Sie Ihre Zuhörer nicht ohne eine Handlungsaufforderung entlassen.

- Schwierigkeiten gehören mit zum beruflichen Alltag. Probleme verschwinden nicht, indem man sie totschweigt. Verpacken Sie unerfreuliche Mitteilungen, damit diese innerhalb des Unternehmens akzeptiert werden können.

- Starten Sie mit einer emotionsfreien Beschreibung der problematischen Situation, äußern Sie Verständnis für die Sorgen und Nöte der Zuhörer, geben Sie eine neutrale Problemschilderung ab, und betonen Sie, dass es durchaus schlimmer hätte kommen können, um letztendlich zu einem versöhnlichen Ausblick zu gelangen.

- Machen Sie sich mit den spezifischen Redesituationen im Berufsalltag vertraut, schließlich geht es um Ihre berufliche Gegenwart und Zukunft. Gewinnen Sie mit guter Vorbereitung Sicherheit. So können Sie die Befürchtungen über den Vortrags-GAU hinter sich lassen.

Ihr Weg in die Zukunft

Nutzen Sie Ihre neu erworbenen Möglichkeiten: Halten Sie Vorträge, präsentieren Sie Ihre Vorstellungen, und bauen Sie Ihren Spaß am Reden aus. Wer entdeckt, welche Chancen er sich mit souveränen Redeauftritten eröffnet, bekommt schnell Appetit auf mehr. Sie haben jetzt den Respekt vor Vortragssituationen abgebaut und die hemmende Redeangst in anspornende Redelust überführt. Ihnen steht nun ein Arsenal an rhetorischen Trümpfen zur Verfügung, die Sie gelassen ausspielen können.

Wer nicht in der Lage ist, seine eigenen Ideen in die Öffentlichkeit zu tragen, hat es schwer. In der Gemeinschaft lassen sich viel eher Ziele verwirklichen. Damit Sie Unterstützung bekommen, müssen Sie aber anderen auch Ihre Wünsche präsentieren können. Versuchen Sie nicht, als Einzelkämpfer durchs Leben zu gehen. Machen Sie das Wort zu Ihrem Werkzeug, um eine Brücke zu anderen zu bauen. Ermöglichen Sie den Meinungsaustausch, indem Sie mit Ihren Vorstellungen auf andere zugehen und diese dazu einladen, sich mit Ihnen konstruktiv auseinander zu setzen.

Die Macht des Wortes

Im Berufsleben werden Sie nur dann Erfolg haben und Ihre persönliche Zufriedenheit steigern, wenn Sie Vorgesetzte überzeugen, Kollegen und Mitarbeiter mitreißen, Kunden für sich einnehmen und Veranstaltungsgäste beeindrucken können. Ihre Rednerkompetenz ist bei vielen Anlässen gefragt. Treten Sie aus der schweigenden Masse heraus, und genießen Sie, dass man Ihnen zuhört.

Es wird allerorten beklagt, dass es keine Originale mehr gibt, vieles austauschbar erscheint und farblose Routine den Alltag beherrscht. Setzen Sie ein Gegengewicht: Wir haben Ihnen vorgestellt, wie wichtig Ihre Persönlichkeit bei Redeauftritten ist. Nichts ist schlimmer als ein Redner, der nicht bereit ist, als Individuum auf sein Publikum zuzugehen. Finden Sie Ihren eigenen Weg. Verstecken Sie sich nicht, zeigen Sie Flagge und demonstrieren Sie, dass hinter Ihren Worten auch eine Überzeugung steckt. Glaubwürdigkeit und Individualität gehören zusammen. Nutzen Sie Ihre persönliche Ausstrahlung, um Ihr Publikum zu fesseln.

Finden Sie Ihren eigenen Weg

Wir haben Ihnen ausführlich erläutert, wie Sie Ihre Wirkung auf andere Menschen – Ihre Zuhörer – verbessern können: Sie wissen nun, dass Redeängste kein unabänderliches Schicksal sind, dem Sie hilflos ausgeliefert wären. Es nützt nichts, seine Emotionen zu unterdrücken. Bekennen Sie sich dazu, ein fühlendes Wesen zu sein. Akzeptieren Sie Ihr Lampenfieber als prickelnde Vorfreude. Es gehört zum Vortrag dazu wie Champagner zum Rendezvous. In der richtigen Dosis wirkt das Prickeln belebend und anregend. Wer sich allerdings einer Überdosis aussetzt, wird seine Fähigkeit zum charmanten Auftreten verlieren.

Genießen Sie die prickelnde Vorfreude

Kanalisieren Sie Ihre Redeerregung. Bedienen Sie sich der Hilfsmittel, die wir Ihnen vorgestellt haben. Operieren Sie mit den richtigen Vortragstechniken und geeigneten Argumentationsstrategien, um Sicherheit auf der Bühne zu gewinnen. Flirten Sie lieber mit dem Publikum, als es als Feind zu betrachten, auf den man einschlagen müsste. Mit einer Kampfansage an das Publikum verscherzen Sie sich sämtliche Sympathien und verstärken nur die eigene Anspannung. Sorgen Sie dafür, dass alle zum Gewinner werden. Präsentieren Sie Ihre Themen so, dass der Vortrag für Ihre Zuhörer und auch für Sie selbst ein Genuss wird.

Ihr (Redner-)Geist kann nicht richtig arbeiten, wenn Ihr Körper blockiert ist. Aus diesem Grund haben wir Ihre Aufmerksamkeit auch auf die Körpersprache beim Vortrag gelenkt. Arbeiten Sie an Ihrer körperlichen Wahrnehmung. Lösen Sie Anspannung auf, vermeiden Sie Aggressionsgesten, und bauen Sie Stress durch Bewegung auf der Bühne ab. Der Super-GAU im Vortrag – der Blackout – wird Sie dann nicht mehr erwischen. Dieser gefürchtete Gedankenriss ist schließlich in erster Linie stressverstärkenden Verspannungen zuzuschreiben. **Nutzen Sie die Körpersprache**

Die Körpersprache muss sich nicht nur negativ auswirken. Sie können auch viele positive Akzente mit ihr setzen. Wenn Sie Ihre Ausführungen mit einer angemessenen Körpersprache unterstützen, werden Sie Ihre Glaubwürdigkeit entscheidend stärken. Die meisten Menschen haben unbewusst ein feines Gespür für körpersprachliche Signale und registrieren unterschwellig, wem sie trauen wollen und wem nicht.

Der Weg ins Herz Ihres Publikums steht Ihnen nun offen, Sie müssen ihn nur noch beschreiten. Wir haben Sie damit vertraut gemacht, wie Sie angstfrei Vortragssituationen bewältigen können, und hoffen, dass Sie so viel Spaß wie wir an Redeauftritten gewinnen werden. Wenn Sie unter professioneller Anleitung Ihre rhetorischen Stärken ausbauen wollen, sollten Sie Kontakt mit uns aufnehmen. Besuchen Sie unsere Workshops und Seminare, oder lassen Sie sich von uns in einem Einzeltraining persönlich coachen. Unsere Angebote finden Sie unter *www.erfolgscoaches.de* im Internet. **Erobern Sie die Herzen der Zuhörer**

Begeistern Sie Ihre Zuhörer, und genießen Sie Ihre Auftritte. Wir wünschen Ihnen viel Freude mit Ihren neu erworbenen Redekünsten.

Christian Püttjer und *Uwe Schnierda*

Register

Wir sind für Sie da

Püttjer & Schnierda: Coaching und Beratung

Unsere Angebote:

- Entwicklung von Bewerbungsstrategien
- Bewerbungsmappen-Check
- Vorbereitung auf Vorstellungsgespräche
- Assessment-Center-Intensivtraining
- Karriereplanung
- Führungskräfte-Coaching

Preise und weitere Details zu den einzelnen Beratungsmodulen finden Sie im Internet unter www.karriereakademie.de

Püttjer & Schnierda

Raiffeisenstraße 26
24796 Bredenbek / Naturpark Westensee

Telefon (0 43 34) 18 37 87
Fax (0 43 34) 18 37 90
E-Mail team@karriereakademie.de

Profi-Tipps für den Karriere-Kick
Um- und Aufsteiger

Ob Ein-, Auf- oder Umsteiger: Im Mittelpunkt der Ratgeber von Püttjer & Schnierda steht stets die Umsetzbarkeit durch den Ratsuchenden. Praxisorientierung und Berufsbezogenheit werden ganz groß geschrieben. Die Autoren vermitteln kein Allerweltsschema, das auf jeden Leser passt. Stattdessen kann jeder Bewerber mithilfe dieser Ratgeber seine individuelle Strategie entwickeln. Qualität, Originalität, eine frische Sprache und klare, eindeutige Tipps – das sind die Markenzeichen dieser Bewerbungs- und Karriereratgeber.

Im Campus Verlag sind bisher vom Erfolgsduo
Püttjer & Schnierda erschienen:

Profi-Tipps *Bewerbung*

● **Überzeugen mit Anschreiben und Lebenslauf** Die optimale Bewerbungsmappe für Um- und Aufsteiger

● **Souverän im Vorstellungsgespräch** Die optimale Vorbereitung für Um- und Aufsteiger

● **Die gelungene Online-Bewerbung** Vom ersten Kontakt zum Vorstellungsgespräch

● **Die erfolgreiche Initiativbewerbung** Der Praxisratgeber für Auf- und Umsteiger

● **Wiedereinstieg für Frauen** Optimale Bewerbungsstrategien nach der Familienpause

● **Die erfolgreiche Gehaltsverhandlung** Strategien für mehr Geld

● **Jetzt wechsle ich den Job** Bewerbungsstrategien für Um- und Aufsteiger